Tennessee Williams: Schriftsteller zu sein, bedeutet die Freiheit, fluchtartig Hotels zu verlassen, glücklich oder traurig, hemmungslos und ohne großes Bedauern. **Mark Twain:** Denn man muß natürlich in Hotels wohnen, und das ist eine kummervolle Angelegenheit. **Joseph Roth:** Ich bin ein Hotelbürger, ein Hotelpatriot. **Stefan Zweig:** Nur endlich *nicht* im Hotel wohnen und vier, fünf Monate keinen Koffer mehr sehen! **Max Dauthendey:** Im Hotelzimmer sitzt die Kälte wie ein einäugiger Greis und schielt nach meiner Haut. **Thomas Wolfe:** Mir graut vor diesen kleinen Hotels und Pensionen mit ihren mumifizierten alten Herren und Damen und häßlichen Möbeln. **Blaise Cendrars:** Ich werde nicht ruhen, bevor ich nicht in jedem Pariser Hotel geschlafen und jeden Zoll kennengelernt habe. **Ernest Hemingway:** Wenn ich von einem späteren Leben im Himmel träume, dann spielt sich immer alles im Ritz ab.

Hotels
Ein literarischer Führer

Herausgegeben von
Lis Künzli

GATZA
bei Eichborn

Herausgegeben von
Mathias Gatza und
Thomas Hack

Die Adressen und Preisangaben erfolgten durch die Hotels, Abweichungen sind nicht auszuschließen. Wenn nicht anders angegeben, beziehen sich die Preise auf das Doppelzimmer (DZ) während der Hochsaison.

Verlag und Herausgeberin danken Bettina Weigelt und Katja Haustein für ihre Recherchen nach Bildern rund um die halbe Welt.

Die Rechte für die einzelnen Textpassagen liegen bei den im Quellenverzeichnis genannten Rechtsinhabern. Wir danken für die freundliche Genehmigung zum Abdruck. Die Texte wurden teilweise geringfügig gekürzt.

Die Deutsche Bibliothek – CIP-Einheitsaufnahme

Hotels : ein literarischer Führer / hrsg. von Lis Künzli. – 2., überarb. Aufl. – Frankfurt am Main : Eichborn, 1996 (Gatza bei Eichborn)
ISBN 3–8218–0638–9
NE: Künzli, Lis [Hrsg.]

© 1996 Vito von Eichborn GmbH & Co. Verlag KG, Frankfurt am Main Einbandzeichnung von Gesine Dittmer. Das Zitat auf dem Einband stammt von Klaus Mann. Gesetzt aus der Korpus Galliard Antiqua durch die Offizin Götz Gorissen, Berlin. Gedruckt auf chlor- und säurefreiem Papier und gebunden von Kösel, Kempten. Printed in Germany. Alle Rechte vorbehalten. ISBN 3 8218 0638 9. Verlagsverzeichnis schickt gern: Eichborn Verlag, Kaiserstraße 66, 60329 Frankfurt

Es scheint eine Affinität zu bestehen zwischen der schreibenden Zunft und dem Raum, der die Anonymität ebenso zuläßt wie das gesellschaftliche Leben. Das Hotel steht für das Wechselbad zwischen Öffentlichkeit und Zurückgezogenheit am Schreibtisch, mit dem es jeder Schriftsteller berufsbedingt zu tun hat. Für die einen ersetzt es die Heimat, oft notgedrungen (»Ich bin ein Hotelbürger, ein Hotelpatriot«, sagt Joseph Roth), die anderen finden im Hotelpersonal eine Wahlfamilie, zu der das Verhältnis genauso herzlich, durch die Höhe des Trinkgeldes manipulierbar, wie unverbindlich ist, da es die Freiheit bietet, sie jederzeit »fluchtartig verlassen zu können« (Tennessee Williams). Kafka spürt in den vier Wänden zumindest den Hauch »einer gesicherten Existenz«, und für Brecht bietet das Hotel die Möglichkeit, ein Leben wie im Roman zu führen. Doch sind es durchaus nicht nur die oberen Preisklassen, die eine literarische Ehrung erfahren haben, der Weg in die Luxusetagen war nicht selten von Kakerlaken und Läusen gesäumt.

Sie haben ihre Erfahrungen zu Wort gebracht, haben die öffentlich zugänglichen Stätten mit Gestalten der Weltliteratur bevölkert und sie so zu einem kulturellen Gemeinbesitz gemacht. Wir haben die Texte gesammelt, nach den Orten des Geschehens recherchiert und sie durch praktische Hinweise zugänglich gemacht – nicht ohne ab und zu einen Blick durchs Schlüsselloch

Thomas Mann
im Adlon, 1929

9

gewagt zu haben. Vielleicht nicht unbedingt, um »die starke und erhabene Tradition als Gewalt zu empfinden«, wie Stefan Zweig im Hotel Schwert in Zürich, aber vielleicht, damit der Hotelmuffel in seiner unpersönlichen Herberge auf alte Bekannte stößt, neue literarische Bekanntschaften macht, sich mit der ortsgerechten Lektüre in die richtige Stimmung versetzen kann. Im Gegensatz zu einem Museum kann man sich hier ins Bett seines Lieblingsdichters legen und sich seine Gedanken machen über die Einwirkungen der Realität auf die erdichtete Welt.

Und wem es nicht vergönnt ist, sich an Ort und Stelle zu begeben, tröste sich mit den Worten frei nach Kipling, der es wissen muß: »Reisen findet im Kopf statt«, lese das Buch und reise durch Orte und Zeiten, geführt von der einzigen Ordnung, »deren Stichhaltigkeit nicht zu bewiesen werden braucht« (Perec), der alphabetischen, von Altdorf zu Goethe über Länder und Kontinente bis Zürich zu Stefan Zweig.

Die Auswahl ist natürlich sehr persönlich und alles andere als vollständig, und manchen Hotelier, der nicht zimperlich angefaßt wird, weisen wir noch darauf hin, daß Dichtung und Wahrheit auch hier ihr unberechenbares Spiel getrieben haben, und warnen mit Céleste, der Haushälterin Marcel Prousts: »Es war nicht alles genauso, denn die Phantasie!«.

Im Jahr 1797 bricht Goethe zu seiner dritten und letzten Schweizer Reise auf. Am 30. September setzt er mit dem Schiff von Brunnen nach Flüelen über und kommt schließlich zu Fuß in Altdorf an. Dort diktiert er seinem Schreiber Ludwig Geist:

I n Altdorf angelangt logierten wir im schwarzen Löwen, bei Herrn Franz Maria Arnold. An den Zimmern waren artige Türschlösser, die man von außen aufstößt und von innen aufzieht.

Castagnetten-Rhythmus der Kinder mit Holzschuhen.

Der Ort selbst mit seinen Umgebungen bildet einen Gegensatz von Schwyz, er ist schon stadtmäßiger und alle Gärten sind mit Mauern umgeben. Ein italiänisches Wesen blickt durch, auch in der Bauart. So sind auch die untern Fenster vergittert, welche Vorsicht die starke Passage notwendig zu machen scheint. Ich bemerkte eine hübsche Art das kurze Grummet in Netzen einzufassen.

Ton der großen Glocke der läutenden Kühe. Schellen der Maultiere.

Altdorf
Hotel Schwarzer Löwe

Johann Wolfgang
von Goethe

*Goethe und der Herzog
von Sachsen-Weimar auf
dem Faulhorn.
Holzstich, um 1860*

Hotel Schwarzer Löwe
Tellgasse 8
CH–6460 Altdorf/Uri
Tel.: 0041/44/21.007
Fax: 0041/44/29.507
12 Zimmer, DZ ab 100 SFr

Geist ergänzt in seinem persönlichen Reisetagebuch, wie sie bei der Familie Arnold verköstigt wurden:

Guten Fisch aus der Reuss, erst gebacken, dann mit einer sauren Sauce und dann gekocht mit Weinessig überschüttet, so daß man an diesen Tagen recht wohl das Fleischessen vermeiden kann; zum Nachttisch bringt man gewöhnlich eine gute Portion Backwerk, wozu ein gutes Glas Wein auch nicht übel schmeckt.

Am nächsten Morgen geht es weiter:

Sonntag, den 1 Oktober.
Altorf. Morgens früh Regenwolken, Nebel, Schnee auf den nächsten Gipfeln. Kühe wurden durchgetrieben. Die Leute trugen kleine hölzerne Gefäße, die Tiere einige Melkstühle; denn die Leute nähren sich unterwegs von der Milch.

Höflicher Abschied vom Wirt, Schein wechselseitiger Zufriedenheit. Weltgleichnis.

Halb neune gingen wir ab. Schöne Matten rechts und links. Nebelwesen. Man weiß nicht, ob sie steigen, sinken, sich erzeugen, oder verzehren, wegziehen oder sich herabstürzen. Herrliche Felswände, Kalk.

Auf dem Nachttisch:
J. W. v. Goethe,
Schweizer Reise

Amsterdam wurde in den dreißiger Jahren durch seine Exilverlage zu einer wichtigen Adresse für deutsche und österreichische Schriftsteller. Auch Joseph Roth kam regelmäßig zu Besprechungen mit seinen Verlagen Querido und Allert de Lange in die Stadt und stieg meist im Hotel Eden ab. Trotz der freundschaftlichen Ermahnungen Stefan Zweigs, weniger zu trinken und mehr zu Fuß zu gehen, ließ er sich täglich vom Hotel über den Kanal zu seinen Cafés rudern, um sich einen fünfminütigen Umweg zu sparen, und mischte sich heimlich sein Lieblingsgetränk Pernod in die Milch.

Wie in fast jedem Hotel hatte Roth auch hier bald einen Vertrauten unter dem Hotelpersonal, der ihm wertvolle Dienste leistete:

Amsterdam
Hotel Eden

Joseph Roth

Ich bekam in letzter Zeit so viele Bitten von allen möglichen Leuten, Widmungen in ihre Bücher zu schreiben, daß ich fast den ganzen Tag damit beschäftigt gewesen wäre, hätte ich das alles persönlich tun müssen. Darum habe ich diese Arbeit manch-

In der Mitte:
das Eden

existiert nicht mehr

13

mal meinem Sekretär überlassen. Dadurch … erlangte der chef de réception noch größere Fertigkeit im Schreiben meiner Unterschrift.

Der geschätzte André allerdings nutzte diese Fertigkeit, um Roths Bankkonto zu plündern, und machte sich mit dem Honorar für den Roman *Die Geschichte von der 1002. Nacht* aus dem Staub. Roth, der ständig mit Hotelrechnungen zu kämpfen hatte, kommentierte die Geschichte: »Was geht mich das Geld an? Ich habe einen Freund verloren!«

Lesen Sie weiter:
Joseph Roth,
*Die Geschichte der
1002. Nacht*

Februar 1933. Es sollte eigentlich nur ein kurzer Erholungsurlaub »1800 Meter über der Literatur« werden, doch Thomas Manns Aufenthalt im Neuen Waldhotel wurde zum Anfang seines Exils.

Dringend raten Klaus und Erika Mann, die vom Familienchauffeur in München gleichzeitig gewarnt und verraten wurden, ihren Eltern in einem Telefongespräch davon ab, nach Deutschland zurückzukehren.

Wir hüteten uns also, auf die politische Lage direkt anzuspielen, sondern sprachen vom Wetter. Dieses sei miserabel in München und Umgebung, behaupteten wir; die Eltern würden klug daran tun, noch eine Weile fernzubleiben. Leider zeigte unser Vater sich abgeneigt, auf diese Art der Argumentation einzugehen. So schlimm werde es wohl nicht sein mit den Frühlingsstürmen, meinte er, und übrigens sähe es auch in Arosa nach Regen aus. Ein Hinweis auf die Zustände in unserem Hause (»Es wird gestöbert! Scheußliches Durcheinander!«) schien ebensowenig Eindruck auf ihn zu machen. Er blieb störrisch, wollte nicht verstehen: »Die Unordnung stört mich nicht. Ich will nach Haus. Wir reisen übermorgen.« »Es geht nicht, du darfst nicht kommen.« Schließlich sprachen wir es aus, mit verzweifelter Direktheit. »Bleibe in der Schweiz! Du wärst hier nicht sicher!« Da hatte er verstanden.

Januar 1936. Bei einem erneuten Aufenthalt im Waldhotel wird das Exil offiziell besiegelt. Thomas Mann, der in Hitlerdeutschland noch immer gedruckt wird, bekennt sich öffentlich zur Emigrantenliteratur. Die Ausbürgerung, nach Klaus und Erika nun der ganzen Familie, läßt nicht lange auf sich warten.

20. I. 1937. Das Hotel bleibt mit dem Exildasein verhaftet. Thomas Mann notiert in sein Tagebuch:

Die gewohnten Zimmer, seltsam. Die Emigration nahm hier ihren Anfang ... 4 Jahre ... Es ist manches getan und geschehen.

Bis zu seinem amerikanischen Exil ist Thomas Mann Stammgast im Neuen Waldhotel. Aus seinem Tagebuch:

Neues Waldhotel
CH-7050Arosa
Tel.: 0041/81/31.13.51
150 Betten,
DZ ab 135 SFr pro Person

15

Gestern in Küsnacht bis 11 Uhr noch am Dialog Charlotte-August gearbeitet. Dann gepackt. Wir aßen ¾ 1 zu Mittag. Das Wetter war föhnig und heiter. Wir fuhren bald nach Tische mit dem Chevrolet, von Golo gefahren, ab. Am Bahnhof Beidler zur Verabschiedung. Auf der Fahrt nach Chur (mit Ausländern) Brief- und Zeitungslektüre, etwas Ruhe. In Chur Kaffee getrunken. Bei der Fahrt herauf allein im Coupé. Bequemlichkeit der Reise hierher. Nach Versorgung des Gepäcks im Schlitten zu Fuß durch die Stadt zum Hotel. »Ununterbrochenheit«, Unmittelbarkeit des Wiederanschlusses an das gewohnte Milieu, ganz als sei man nie weggewesen. Das Hotel wie immer. Begrüßung mit Concierge u. Personal. Dr. Richter, der uns auf die gewohnten Zimmer im III. Stock begleitet, aus denen wir »eben« ausgezogen u. in denen wir uns nun zur Wiederholung (die etwas variiert sein, andere Inhalte haben wird) wieder einrichten. Bequemlichkeit, Platz, praktische Behaglichkeit. Freude an der Wiederaufnahme dieser Lebensform bis zur Bewegtheit. Ausgepackt. Dunkler Vorhang, Bücherbord auf der Kommode. Rasiert und dunklen Anzug angelegt. Zum Diner ½ 8 Uhr. Tisch bei unserem vorjährigen in der Ecke. Der »Gendre«. Zu frischer Kalbsbraten. Aber mit Luftwechsel-Appetit gegessen. Nach Tische *Lion*. Mit ihm im hinteren Salon. Die Zeitschrift; die Fälle ter Braak und Chiaromonte, der »Fuoruscito«, beraten, in Erwartung Oprechts. Bier getrunken. Müde. ½ 10 hinauf und Kamillenthee bereitet. Im Bette im »Swann« weitergelesen.

Nachts tadelnswerte Störung durch lärmende Gäste, die vom Kostümball heraufkamen. Mit ½ Phanadorm gut geschlafen bis 8 ¼ Uhr. Gebadet. Thee-Frühstück, sehr beeinträchtigt durch die Prothese. Dennoch Beifall für das hier so gute Grahambrötchen mit Honig, das ohne die obere Hilfe nicht zu essen wäre. – Den Schreibtisch zurechtgemacht. – Dunkel, Schneefall. Das Bücherpaket geöffnet u. die vorangeschickte Lektüre (Schopenhauer-Literatur) aufgestellt. – An dem August-Dialog gebastelt, unsicher. Die Wendung zur Schopenhauer-Arbeit ist vielleicht jetzt das Richtige, und »Lotte« ruht besser. – Fell-Teppich unter dem Arbeitstisch. – Mittag mit K. in den Ort zu Einkäufen. Bergstock. Nach dem Lunch im Zimmer politisches Manuskript von Döblin gelesen, bedenklich und wohl kaum noch das. Geruht, beklommen. Zum Thee mit K. ins Old India. Zu Hause Briefe diktiert: an W. Türk (Oslo), Bonnier (Stockholm), ter Braak ('s Gravenhagen) u. andere. – Nach dem Diner im kl. Salon mit Lion. Oben Kamillenthee.

Auf dem Nachttisch:
Klaus Mann,
Der Wendepunkt
Thomas Mann,
Tagebücher 1937–1939

Im Jahr 1955 erlebte Graham Green in Athen das, was zweien seiner Romanfiguren in Monte Carlo zum Verhängnis wurde und eine kaum einwöchige Ehe beinahe zum Scheitern brachte. Alexander Korda, Filmproduzent und Freund Greenes, lud den Schriftsteller und seine Freundin in eines der luxuriösesten Hotels Europas und zu einer Kreuzfahrt auf seine Yacht *Anderswo* ein. Der Haken an der Geschichte war nur, daß Korda nicht zum vereinbarten Zeitpunkt in Athen erschien:

Athen
Grand Hôtel Bretagne

Graham Greene

Als wir eintrafen, war da keine *Anderswo* und kein Korda und keine Nachricht. Im Hotel wußte niemand etwas von seinem Kommen.

In jenen Tagen galten noch strenge Devisenvorschriften, wir hatten nur sehr wenig Geld bei uns, und das Grande Bretagne war ein sehr teures Hotel. Am ersten Tag unseres Alleinseins lebten wir noch sehr verschwenderisch, aber als wir am nächsten Tag aufwachten und noch immer keine Nachricht über das Schiff da war, mußten wir sparen … was noch verschwenderischer leben hieß. Alle Mahlzeiten im Hotel statt in einem billigen Café, anstelle von Taxis einen Mietwagen des Hotels, den man auf die Rechnung schreiben lassen konnte. Ich erinnere mich noch an den bitteren Preis für ein vom Hotel zubereitetes Lunchpaket – wir aßen es

Grand Hôtel Bretagne
Platía Síndagma
G–10563 Athen
Tel.: 0030/1/323.02.51
Fax: 0030/1/322.80.34
332 Zimmer, 23 Suiten
DZ ab 73.000 Drachmen

17

*Blick in den Ballsaal,
50er Jahre*

*Graham Greene,
um 1960*

oberhalb des Isthmus von Korinth, in der Hoffnung, die *Anderswo* unten auf Athen zuhalten zu sehen.

Nun, genau wie Dreuther auch [in *Heirate nie in Monte Carlo*] erschien Alex schließlich noch rechtzeitig, um die Rechnung für unsere »Flitterwochen« zu bezahlen, und die Handlung von *Heirate nie in Monte Carlo* entstand beim Retsinawein, während wir bekümmert unser Picknick aufaßen.

Für die ausschweifenden, aber nervenstrapazierenden Tage im *Grande Bretagne* rächte sich Greene an seinem Freund Korda mit der Figur des Firmenchefs Dreuther im Roman *Heirate nie in Monte Carlo* (→ Hôtel de Paris in Monte Carlo).

Auf dem Nachttisch:
Graham Greene,
Heirate nie in Monte Carlo

18

Im Verenahof in Baden, einem »kleinen gotisch-mittelalterlichen Städtchen im engen Limmattal«, wo sich Hermann Hesse von 1923 bis 1952 regelmäßig zur Kur aufhält, spielt auch die Handlung seines Romans *Kurgast*.

Baden (CH)
Badhotel Verenahof

Hermann Hesse

Sie bringen kein gutes Wetter mit«, sagte lächelnd das freundliche Fräulein im Bureau bei der Begrüßung.
»Nein«, sagte ich ratlos. Wie war nun das? Sollte wirklich ich es sein, dachte ich, der diesen Regen gerufen, der ihn erschaffen und hierher mitgebracht hat? Daß die platte, alltägliche Anschauungsweise dagegen sprach, konnte mich, den Theologen und Mystiker, nicht entlasten. Ja, ebenso wie Schicksal und Gemüt Namen eines Begriffes waren, ebenso wie ich meinen Namen und Stand,

Badhotel Verenahof
Kurplatz 1
CH-5400 Baden
Tel.: 0041/56/30.95.95
Fax: 0041/56/21.22.87
80 Zimmer, 2 Suiten,
3 Junior Suiten
DZ ab 260 SFr

mein Alter, mein Gesicht, meine Ischias in gewissem Sinne mir selbst erwählt und geschaffen hatte und niemand als mich dafür verantwortlich machen durfte, ebenso stand es wohl auch mit diesem Regen. Ich war bereit, ihn auf mich zu nehmen.

Nachdem ich dies dem Fräulein mitgeteilt und einen Anmeldezettel ausgefüllt hatte, trat ich nun in jene Verhandlungen wegen meines Zimmers ein, welche der normale Mensch nicht kennt, deren Grauen der naive Glückliche nicht ahnt, deren ganze Trübe nur dem in eine Fremdenherberge verschlagenen, an Einsamkeit und tiefe Stille gewöhnten, an Schlaflosigkeit leidenden Eremiten und Schriftsteller bekannt ist.

Ein Hotelzimmer zu nehmen, ist für normale Menschen eine Kleinigkeit, ein alltäglicher, in keiner Weise affektbetonter Akt, mit dem man in zwei Minuten fertig ist. Für unsereinen aber, für uns Neurotiker, Schlaflose und Psychopathen wird dieser banale Akt, mit Erinnerungen, Affekten und Phobien phantastisch überladen, zum Martyrium. Der freundliche Hotelier, die sympathische Empfangsdame, welche uns, auf unsre zaghaft inständige Bitte, ihr »ruhiges Zimmer« zeigen und empfehlen, ahnen den Sturm von Assoziationen, von Befürchtungen, von Ironien und Selbstironien nicht, den dies fatale Wort in uns erregt. O wie gut, o wie schauerlich genau, wie grauenhaft profund kennen wir diese ruhigen Zimmer, diese Stätten unsrer qualvollsten Leiden, unsrer schmerzlichsten Niederlagen, unsrer heimlichsten Schmach! Wie falsch und tückisch, wie dämonisch blicken uns diese freundlichen Möbel, diese wohlgemeinten Teppiche und heiteren Tapeten an! Wie fatal, wie vernichtend grinst jene verriegelte Verbindungstür zum Nachbarzimmer, die sich unseligerweise in den meisten dieser Zimmer befindet, häufig ihrer eigenen üblen Rolle bewußt und darum schamhaft hinter einem Tuchbehang verborgen! Wie

Hesses Zimmer
im Verenahof

schmerzlich und ergeben blicken wir zur weiß getünchten Zimmerdecke empor, welche stets im Augenblick der Besichtigung in
schweigender Leere grinst, um dann abends und morgens von den
Schritten der Obenwohnenden zu dröhnen – ach, und nicht nur
von Schritten, das sind bekannte und also nicht die schlimmsten
Feinde! Nein, über diesen harmlos weißen Plan rollen in der
Stunde des Verhängnisses, ebenso wie durch die dünne Tür und
Wand, ungeahnte Geräusche und Vibrationen, weggeworfene
Stiefel, zu Boden fallende Spazierstöcke, mächtige rhythmische
Erschütterungen (auf hygienische Turnübungen deutend), umgeworfene Stühle, ein vom Nachttisch stürzendes Buch oder Glas,
das Rücken von Koffern und Möbelstücken. Dazu die Menschenstimmen, die Gespräche und Selbstgespräche, das Husten, das
Lachen, das Schnarchen! Und weiter, schlimmer als dies alles,
die unbekannten, unerklärlichen Geräusche, alle jene seltsamen,
geisterhaften Laute, die wir nicht deuten, deren Herkunft und
vermutliche Dauer wir nicht ahnen können, jene Klopf- und
Wühlgeister, all jenes Knacken, Ticken, Flüstern, Blasen, Saugen,
Rauschen, Seufzen, Knarren, Picken, Sieden – weiß Gott, welch   *Blick auf Baden*

reiches unsichtbares Orchester sich in den paar Quadratmetern eines Hotelzimmers verbergen kann!

Also ich spreche mit dem bereitwilligen Fräulein die fünf oder sechs leerstehenden Zimmer genau durch. Von dem einen erfahre ich, daß nebenan eine Violinspielerin wohnt und täglich zwei Stunden übt – nun, das ist immerhin etwas Positives, ich tendiere nun bei der engeren Wahl nach möglichst großer Entfernung von jenem Zimmer und Stockwerk. Für Verhältnisse und Möglichkeiten der Hotelakustik habe ich ohnehin eine Sensibilität, ein Ahnungsvermögen, das manchem Architekten sehr zu wünschen wäre. Kurz, ich tat das Notwendige, das Vernünftige, ich handelte sorgfältig und gewissenhaft, wie ein Nervöser beim Suchen eines Schlafzimmers handeln muß, mit dem üblichen Ergebnisse, das etwa so zu formulieren wäre: »Es nützt zwar nichts, und natürlich werde ich in diesem Zimmer dieselben Abenteuer und Enttäuschungen antreffen wie in jedem anderen, aber immerhin habe ich nun meine Pflicht getan, ich habe mir Mühe gegeben, den Rest lege ich in Gottes Hand.« Und gleichzeitig sprach, wie immer in solchen Fällen, eine andre, leisere Stimme zutiefst in mir innen: »Wäre es nicht besser, das Ganze Gott zu überlassen und auf dies Theaterspiel zu verzichten?« Ich hörte die Stimme, wie gewohnt, und hörte sie doch nicht, und weil ich zur Stunde so guter Laune war, verlief die Prozedur angenehm, zufrieden sah ich meinen Reisekorb in Nummer 65 verschwinden und ging weiter, denn es war die Stunde, zu der ich beim Doktor angemeldet war.

*Hermann Hesse mit
seinem Gastgeber,
Franz Xaver Markwalder
vor dem Verenahof*

Auf dem Nachttisch:
Hermann Hesse,
Kurgast

Nach der Landung der Alliierten in der Normandie im Juni 1944 geht Louis-Ferdinand Céline den umgekehrten Weg vieler Schriftsteller: er flüchtet in den Norden. Ein Vorgang, den Ernst Jünger mit den Worten kommentiert: »Es bleibt doch merkwürdig, wie sehr Menschen, die kaltblütig die Köpfe von Millionen fordern, für ihr eigenes lumpiges Leben in Sorge sind.«

Wie viele andere Kollaborateure gelangt Céline nach Baden-Baden und wie die Begünstigten unter ihnen ins Hotel Brenner, wo man inmitten von Luxus und Spezialitäten aus allen eroberten Ländern noch nicht viel merkt von der Agonie des »Dritten Reiches«. In seinem 1964 erschienenen Roman *Norden* berichtet Céline von dieser Flucht durch das bombardierte Deutschland im letzten Kriegsjahr, wobei das Hotel Brenner in der deutschen Übersetzung als Hotel Simplon erscheint.

Baden-Baden
Brenners Park-Hotel

Louis-Ferdinand Céline
Alfred Döblin

Weiß Gott, wie wild gaullistisch, antihitlerisch die Gäste des Simplon in Baden-Baden waren ... reif für die Alliierten! ... Lothringer Kreuz im Herzen, in den Augen, auf der Zunge ... und keine kleinen Pechvögel, kopfscheue, abgeschabte Krämer ... nein! ... alle an großen Luxus gewöhnt, von der Oberkategorie, zwei, drei Zimmermädchen pro Appartement, sonniger Kurbalkon auf die Lichtenthalallee ... die Ufer der Oos, dieses Bächlein mit seinem so vornehmen Plätschern, von allen Arten seltener Bäume gesäumt ... die ausgesuchteste Lage ... silberbelaubte Trauerweiden am Wasser entlang auf zwanzig ... dreißig Meter ... sorgfältigste Gartenkunst dreier Jahrhunderte ... das Simplon nahm nur Gäste aus äußerst guten Familien auf, ehemalige regierende Fürsten oder Ruhrmagnaten ... solche

Brenners Park-Hotel
Schillerstraße 4–6
D–76530 Baden-Baden
Tel.: 07221/90.00
Fax: 07221/387.72
100 Zimmer, 35 Suiten
DZ ab 650 DM

Louis-Ferdinand Céline

Hüttenbesitzer mit hundert ... zweihunderttausend Arbeitern ... zu der Zeit, von der ich Ihnen erzähle, Juli 44, noch sehr gut und sehr pünktlich versorgt ... sie und ihre Leute ... mit Butter, Eiern, Kaviar, Marmelade, Lachs, Cognac, Sekt ... wellenweise mit Fallschirmen auf Wien, Österreich abgeworfen ... direkt von Rostow, von Tunis, von Épernay, von London ... die an sieben Fronten und auf allen Meeren wütenden Kriege hindern nicht am Kaviar ... die Super-Zermatschung, die Z-Bombe, Steinschleuder oder Fliegenklappe, wird immer die »Delikatessen« der hohen Tafeln verschonen ... Da kann man lange warten, bis Krukruzew sich von »Fußlappen« ernährt! Nixon mit Wassernudeln, Millamac mit rohen Karotten ... die hohen Tafeln gehören zur »Staatsräson« ...

Ich versichere Ihnen, in Baden-Baden im Hotel Simplon, da war was los! ... nicht nur die Leute von den Ruhrkonzernen und den Banken aus Mitteleuropa und dem Balkan, auch verwundete Generale, was von allen Fronten, besonders am Tisch des Gesand-

ten Schulze, des Vertreters der Kanzlei … das alles darbte nicht, Ehrenwort … feinste Verpflegung und allerhand Komplotte, Kabalen und Zeitpläne! … Sie werden mir sagen, das ist erfunden! … durchaus nicht! … getreuer Chronist! … natürlich mußte man dabeigewesen sein … die Umstände! das ist nicht allen gegeben … das Ende der Mahlzeiten mit Hammelkeule, mit gewichtigen Geheimnissen und Burgunder … unwiderstehlichen Menus! … Feinheiten vom Anfang bis zum Ende, Vorspeisen mit Erdbeeren und Schlagsahne … Melba! … Sirup? … mehr? … weniger? … pah! … und all die dienstbeflissenen Kellner, hören zu und notieren alles, Zögern, »Ja«, und Seufzer … als feinste Spürnasen der Widerstandsnetze, Kommunisten, »Fifis«, Geheimdienst, Wilhelmstraße, *tutti frutti* … alle mehreren Herren dienend! … ebenso geschickt, vier Mikros auf einmal zu bedienen, wie Fasanen, Langusten mit zwei Soßen und Sellerie mit derselben Hand zu reichen! im selben Augenblick! zwölf Gästen … Geschmeidig-

1924 hatte Brenner die »Villa Knorring« erworben. Diese heute mit dem Park-Hotel verbundene »Park-Villa« ließ er zum »Casino Stephanie« als Tanz-Salon umgestalten. Der bekannte Puppenspieler Ivo Puhonny schmückte das Casino im japanischen Stil aus.

keit, Schweigsamkeit, Genauigkeit! … viele hatten Pétain bedient und Göring im Ritz in Paris … und nicht nur Hermann! alle Nazigrößen und die Baronin Rothschild … für die verratzten, zerlumpten, verkrachten, hirnverbrannten Rassisten! … die Elite ist die Elite, egal wie, egal wo! … für die andern die Kundgebungen und die Kacke! …

Stil, Traditionen, dicke Teppiche, lautloses Geschirr! … he, ihr Lümmel!

»Könnten Sie, bitteschön, diese Kraftbrühe etwas sämiger …«

»Wie Hoheit belieben!«

So war's! … ebenso mit dem Steinbutt! … man brauchte es nicht zweimal zu sagen!

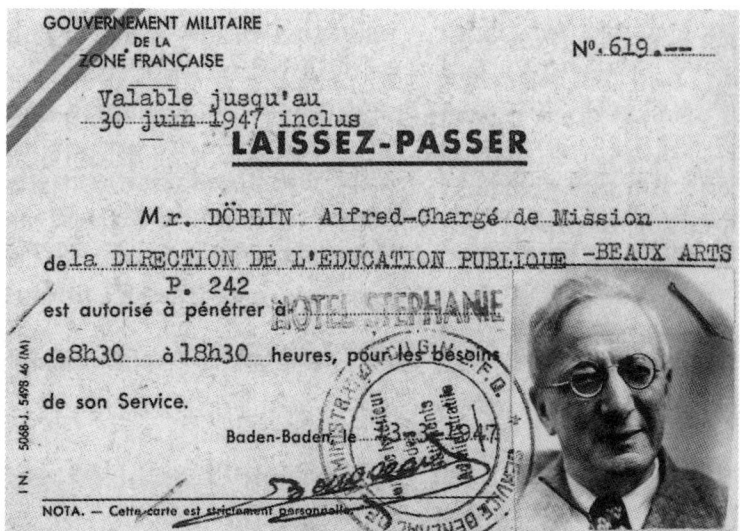

Passierschein Döblins für seinen Arbeitsplatz im Hotel Stephanie.

Ein Jahr später, als Céline sich längst nach Dänemark abgesetzt hat, ziehen die Alliierten ins Brenner ein. Alfred Döblin kommt als *charge de mission* im Dienst der französischen Besatzungsbehörden täglich an seinen Arbeitsplatz im Hotel Stephanie (der Teil des Hotels Brenner, der heute eine Privatklinik beherbergt).

Wir sind in einem kleinen Siedlungshäuschen untergebracht, jetzt in zwei Zimmern, bei einer freundlichen Wirtin. Die Wände sind dünn, wir wohnen parterre, vom Boden steigt Kälte auf. Wer kann sich hinstellen und neidisch und vorwurfsvoll ausrufen: Da hausen die Sieger! Dagegen schön trocken und warm ist es in meinem Büro, da bin ich ›Sieger‹. Da bin ich in einem großen Hotel, wo ich fast die ganze Zeit meines Aufenthaltes arbeite, wo ich meine ganze Zeit vormittags und nachmittags zugebracht habe, ohne Bücher zu schreiben, – um abends leer und müde mich nach Hause zu trollen, auf die Elektrische zu warten, in der stillen Hoffnung, daß man mir nicht zuviel Knöpfe abreißt oder mich nicht ganz erstickt.

Auf dem Nachttisch:
Louis-Ferdinand Céline,
Norden
Alfred Döblin,
Schicksalsreise

26

Es waren vorwiegend materielle Gründe, die Roth veranlaßten, nach Berlin zu ziehen. »Ich gehe im Sommer nach Berlin, denn im Sommer kann man auf einer Parkbank übernachten und sich mit einer Tüte Kirschen satt essen.«

Das Hotel am Zoo wird nur eine der unzähligen Stationen Roths, der nur einmal in seinem Leben kurz nach der Heirat eine Wohnung mietete und über den Stefan Zweig im Nachruf schreiben wird: »Nomadisch wandernd von Hotel zu Hotel, von Stadt zu Stadt mit seinem kleinen Koffer, einem Dutzend feingespitzter Bleistifte und dreißig oder vierzig Blättern Papier in seinem unwandelbaren grauen Mäntelchen ...«

Schon damals lebte er offenbar über seine Verhältnisse und plagte sich mit Hotelrechnungen, denn in seinem Notizbuch findet sich folgender Entwurf einer Zeitungsanzeige:

Jüngerer Schriftsteller, Schriftleiter an einem Berliner Blatt, ist, der Gegenwart entsprechend, nicht in der Lage, die abnorm hohen Preise zu bezahlen, die für Zimmer mit Niveau verlangt werden. Er sucht also unterzukommen, wo Vermieter drohenden Zwangseinquartierungsgästen einen Menschen vorziehen, der

Berlin
Hotel am Zoo

Joseph Roth
Thomas Wolfe

Hotel am Zoo
Kurfürstendamm 25
D–10719 Berlin
Tel.: 030/88.43.70
Fax: 030/88.43.77.14
136 Zimmer,
DZ ab 316 DM

27

durch gesellschaftliche Werte eventuelle Gegenleistung (?) er-
bringt. Der Suchende zahlt das Erforderliche pünktlich und bietet
Gewähr für tadellose Umgangsformen, Ordnung und Geist.

Ins Hotel am Zoo aber kehrte er in den zwanziger Jahren regelmäßig
zurück, bis er in Deutschland zur Persona non grata wurde; hier faßte er
als Journalist Fuß, und das Hotel am Zoo war auch der Ort, an dem seine
schriftstellerische Karriere mit den Romanen *Das Spinnennetz* und *Hotel
Savoy* ihren Anfang nahm.

Im Sommer 1935 hält sich Thomas Wolfe mehrmals im Hotel am Zoo
auf, wo er sich als erfolgreicher Autor seines ersten Romans *Schau heim-
wärts, Engel* feiern läßt. Er schreibt an seinen amerikanischen Lektor
Max Perkins:

Das gesellige Treiben geht munter weiter ... Wenn ich in mein
Hotelzimmer zurückkomme, finde ich eine Fülle herrlicher Blumen vor, die schöne Frauen in meiner Abwesenheit gebracht
haben. Es war eine wunderbare, aufregende – und sehr komische
Zeit.

Auf dem Nachttisch:
Joseph Roth,
Hotel Savoy
Das Spinnennetz

28

Die nächste Station Célines nach dem → Hotel Brenner in Baden-Baden auf seiner Flucht zu den Nazis ist Berlin. Aus seiner Beschreibung des Zenith Hotels (in der deutschen Übersetzung Hotel Steinbock) geht hervor, warum die Berliner Hotels in unserem Buch so spärlich vertreten sind.

Aber diese Schinderstraße müssen wir erst mal finden! ... Sie glauben, da ist eine Straße, aber sie ist nicht mehr vorhanden ... das ganze Innere, Balken, Steine, Treppen, hängt aus den Fenstern ... oder liegt in Haufen vor den Türen ... wenn Sie's von weitem sehen, ein Haufen Steine – die ganze Erinnerung an das Gebäude ... Sie gewöhnen sich langsam daran ... der Gehsteig ist nur noch ein enger Schlauch, daß gerade noch eine Person durch kann ... zwischen der hohen Schuttmauer und den sogenannten Häusern ... vom Basler zur Schinderstraße, da segelten, zersplissen nur so die Stücke von Schaufenstern ... die Fetzen von Fensterläden ... Sie hätten sich totgelacht! bei jedem Windstoß, und es ist sehr windig in einer Stadt, wo es keine Häuser mehr gibt ... das muß entsetzlich in Hiroshima sein! peng! ... da fiel einem ein Fenster auf den Schädel! ... man konnte leicht dabei draufgehen ... mit Stöcken, ohne Stöcke ... ah, da ist ja die Schinderstraße ... Nr. 15 ... der Trümmerhaufen reicht bis über den ersten Balkon hinauf ... Hotel Steinbock ... da ist nur noch ein Stück des Schildes übrig: »inb« stimmt! ... die Klingel geht nicht mehr! macht nichts! ... vorwärts! ... niemand empfängt uns! was ist vom Steinbock-Hotel übriggeblieben? man braucht nur die Augen auf-

existiert nicht mehr

29

zumachen! und zuerst jemanden finden … hinten sehe ich eine Art kleinen Hof … auch dort Schutthalden, Abfall, Steine und alles mögliche … aber nicht ordentlich aufgeschichtet … nein! … sondern wie in der alten »Zone« … und außerdem Exkremente … schön! ein feiner Stil! … und stockdunkel dahinten … dunkel und modrig … auf einer Seite das Erdgeschoß … kein Fenster, keine Tür … Tapeten noch da … ich frage mich: ist diese Bucht bewohnt? … ich rufe: ho! ho! … da kommt einer aus dem Moder … ein Muschik! … ich meine: ein richtiger! … mit Bart, Stiefeln, Puffhemd … und einem breiten Lächeln … kurz, ein freundlicher! … er redet Deutsch mit mir … nicht gut, aber ausreichend … ich antworte ihm, auch radebrechend … man versteht sich … er ist der Geschäftsführer des Steinbock, er erzählt mir, daß er aus Sibirien kommt …

»Das Zimmer?«

Natürlich das Zimmer! sofort! … zwei Zimmer! aber selbstverständlich! … wo Sie wünschen! zweiter Stock? … immerhin schon etwas … wir werden nicht auf der Straße schlafen … und das Fressen? … wird er von uns Marken verlangen? … nein, es wird Suppe geben, von ihrer eigenen Suppe, drei Blechnäpfe, und Schwarzbrot, und Bier … dieses Hotel, das nicht gerade durch sein Äußeres besticht, ist uns wohlgesinnt! … die russische Verwaltung hat ihr Gutes! jetzt rauf! … die Treppe! … da fehlen Stufen … man kann nicht höher hinauf … die dritte Etage ist nicht mehr vorhanden … unter offenem Himmel … die zweite geht noch! welche Zimmer! … ganz gleich! … »Ziehen! Stoßen!« … manche sind noch heil! … die Türen gehen nicht auf! … verklemmt, verzogen … alle gehen ran! … die Mauern, die Wände geben schnell nach! … prächtig! … eine ganze Mauer schwankt auf uns zu! … eine andere Wand bröckelt ab … man sieht in die Räume hinein … man kann sogar hineingehen … hinein … voll von Gips, Tapeten, Ziegelsteinen … da sind ja zwei Gitterbetten! … für Lili, mich, Bébert … und wohin mit La Vigue? das Zimmer nebenan! nicht durch die Tür, verflixt! … wissen ja! keinen Zweck, sie einzudrücken, würde der ganze Gang zusammenfallen! … vielleicht der ganze Steinbock? die Mauern warten nur darauf einzustürzen … ein bißchen Fingerspitzengefühl! La Vigue ist sehr geschickt mit seinem Taschenmesser, er klaubt einen Stein raus, einen zweiten … sehr sorgfältig … bloß nicht an die Türen kommen! … jetzt ist's geschafft! … sein Zimmer ist wie unsers, aber kein Nachttisch … keine Kanne, keine Schüssel, ein kleiner Spiegel … gesprungen, aber immerhin! …

Lesen Sie weiter:
Louis-Ferdinand Céline,
Norden

Auf der Flucht vor seinem Asthma und auf der Suche nach der verlorenen Zeit der Kindheit kam Marcel Proust von 1907 bis zum Kriegsausbruch jeden Sommer nach Cabourg an die normannische Küste, wo er schon als Kind mit seiner Großmutter und später mit seiner Mutter die Ferien verbracht hatte. Das Grand Hôtel stand im Zentrum einer Ende des 19. Jahrhunderts aus dem Boden gestampften Stadt, die sich bald anschickte, zu einem luxuriösen Badeort für mondäne Pariser zu werden.

Obwohl er ein bevorzugter Gast war und das Personal sich ihm zu Füßen legte – während seines Aufenthaltes wurde die Terrasse über seinem Zimmer für andere Besucher gesperrt, die Kellner gingen auf Zehenspitzen und verständigten sich während seiner Anwesenheit nur durch Zeichen –, fand der kränkelnde Dichter oft Grund zur Klage.

»Betäubender und schrecklicher Lärm« herrsche »in diesem trübseligen und kostspieligen Hotel«, und es sei bevölkert von dem »ordinärsten Pack, das man sich vorstellen kann.«

Meist mietete er sich eine ganze Flucht von Zimmern und, wenn möglich, noch das über ihm, um ungestört zu sein, und schlief bis zum Sonnenuntergang, den er allerdings nicht versäumen wollte. Seine ergebene Haushälterin Céleste erinnert sich:

E ines Abends war ich in seinem Zimmer. Mit der Miene eines Verschwörers sagte er: »Ich will Ihnen etwas zeigen, das Sie noch nie gesehen haben. Aber zuerst gehen Sie hinaus und schauen nach, ob jemand im Korridor ist, denn ich bin nicht angezogen und kann mich so nicht sehen lassen.«

Er hatte, wie es seine Gewohnheit in solchen Fällen war, Hemd und Hose, Hausjacke und Pantoffeln an.

Ich ging hinaus. Niemand war da.

»Kommen Sie mit«, sagte er.

Er nahm mich an der Hand wie ein kleines Mädchen und ging mit mir zum Ende des Korridors, wo ein rundes Fenster war. Und

Cabourg
Grand Hôtel Cabourg

Marcel Proust

Grand Hôtel Cabourg
Promenade Marcel-Proust
F–14390 Cabourg
Tel.: 0033/31.91.01.79
Fax: 0033/31.24.03.20
68 Zimmer, 2 Suiten
DZ ab 800 FF

Marcel Proust,
1905

in diesem runden Fenster sah man die ganze untergehende Sonne und darunter das Meer, das leuchtete, als stünde es in Flammen. Und während ich das betrachtete, ebenso bewegt durch die Geste wie durch das ungewöhnliche Schauspiel, sagte er:

»Nicht wahr? Schauen Sie sich diesen Widerschein an. Gott, ist das schön! Ich finde das immer hinreißend.«

Und das hat er in einem so schwärmerischen Ton gesagt, daß es dem kleinen Mädchen, das ich war, sehr zu Herzen ging. Er hat mich öfter zu diesem runden Fenster mitgenommen; aber niemals war ich so bewegt wie beim erstenmal.

Das Haus war Vorbild für das Grand Hôtel von Balbec in der *Suche nach der verlorenen Zeit*, wobei auch Eindrücke von anderen Nobelherbergen wie dem → Danieli in Venedig in die komplexe Erinnerungsarbeit der Recherche hineingewirkt haben.

Unter den Zimmern, deren Bild ich am häufigsten in schlaflosen Nächten heraufbeschwor, glich keines weniger den von einer gehaltvollen, blumenstaubgeschwängerten, nahrhaften, frommen Atmosphäre überlagerten von Combray als das im Grandhotel de la Plage zu Balbec, dessen weißlackierte Wände ähnlich den glatten Seitenflächen eines Schwimmbeckens, in dem das Wasser bläulich scheint, eine reine, azurne Salzluft umschlossen. Der bayrische Dekorateur, der mit der Ausstattung dieses Hotels betraut worden war, hatte die Räume verschieden zu gestalten versucht; in dem von mir bewohnten liefen an drei Wänden niedere glasverkleidete Bücherregale entlang, auf deren Scheiben sich je nach ihrer Lage durch einen Effekt, den ihr Schöpfer nicht vorgesehen hatte, der eine oder andere Teil der ständig wechselnden Meereslandschaft spiegelte und so einen Fries von lichtüberfluteten Seestücken bildete, der nur durch die Mahagoniflächen unterbrochen wurde. Das ganze Zimmer wirkte dadurch wie einer jener idealen Schlafräume, die in den Ausstellungen von ›Art-Nouveau‹-Möbeln mit einem Bilderschmuck vorgeführt werden, den man für geeignet hält, die Augen der darin Schlafenden zu erfreuen, und der jeweils in Beziehung zu der Gegend steht, für die die Wohnung gedacht ist.

Proust-Pilger kommen im Grand Hôtel, heute in der Avenue Marcel-Proust, auf ihre Kosten. Neben dem Balbec-Saal gibt es ein Proust-Zimmer zu besichtigen, und Ausflüge auf den Spuren des Dichters werden organisiert.

Auf dem Nachttisch:

Céleste Albaret,
Monsieur Proust

Marcel Proust,
Auf der Suche nach der
verlorenen Zeit

Im Mai 1912 besucht Thomas Mann seine Frau Katia im Davoser Wald-
sanatorium Dr. Jessen, wo sie ihren »Lungenspitzenkatarrh« auskuriert.
Bei einer Routine-Untersuchung stellt der Arzt auch auf seiner Lunge
einen Schatten fest und rät ihm, ein halbes Jahr zu bleiben. Doch Mann
hält sich für die »horizontale Lebenslage« nicht geeignet. Er fährt nach
München zurück, macht sich an die zwölfjährige Arbeit am *Zauberberg*
und schickt statt seiner den Romanhelden Hans Castorp sieben Jahre und
900 Seiten lang zu »denen da oben«.

Davos
Waldhotel Bellevue

Thomas Mann

Hier bist du«, sagte Joachim. »Nummer vierunddreißig.
Rechts bin ich, und links ist ein russisches Ehepaar, –
etwas salopp und laut, muß man wohl sagen, aber das
war nicht anders zu machen. Nun, was sagst du?«

Die Tür war doppelt, mit Kleiderhaken im inneren Hohlraum.
Joachim hatte das Deckenlicht eingeschaltet, und in seiner zitternden Klarheit zeigte das Zimmer sich heiter und friedlich, mit
seinen weißen, praktischen Möbeln, seinen ebenfalls weißen,
starken, waschbaren Tapeten, seinem reinlichen Linoleum-Fuß-
bodenbelag und den leinenen Vorhängen, die in modernem
Geschmacke einfach und lustig bestickt waren. Die Balkontür
stand offen; man gewahrte die Lichter des Tals und vernahm eine
entfernte Tanzmusik. Der gute Joachim hatte einige Blumen in
eine kleine Vase auf der Kommode gestellt, – was eben im zweiten
Grase zu finden gewesen war, etwas Schafgarbe und ein paar
Glockenblumen, von ihm selbst am Hange gepflückt.

»Reizend von dir«, sagte Hans Castorp. »Was für ein nettes
Zimmer! Hier läßt sich gut und gern ein paar Wochen hausen.«

»Vorgestern ist hier eine Amerikanerin gestorben,« sagte Joachim. »Behrens meinte gleich, daß sie fertig sein würde, bis du
kämest, und daß du das Zimmer dann haben könntest. Aber sie ist

Waldhotel Bellevue
CH-7270 Davos-Platz
Tel.: 0041/81/44.13.23
Fax: 0041/81/43.39.42
51 Zimmer, 2 Suiten
DZ ab 310 SFr

33

schon seit gestern morgen fort, und dann haben sie hier natürlich gründlich ausgeräuchert, mit Formalin, weißt du, das soll so gut sein für solche Zwecke.«

Hans Castorp nahm diese Erzählung mit einer angeregten Zerstreutheit auf. Mit zurückgezogenen Ärmeln vor dem geräumigen Waschbecken stehend, dessen Nickelhähne im elektrischen Lichte blitzten, warf er kaum einen flüchtigen Blick zu der weißmetallenen, reinlich bedeckten Bettstatt hinüber.

»Ausgeräuchert, das ist famos«, sagte er gesprächig und etwas ungereimt, indem er sich die Hände wusch und trocknete. »Ja, Methylaldehyd, das hält die stärkste Bakterie nicht aus.«

Als das Sanatorium im Jahre 1957 zum Hotel umgebaut wurde, machte man nicht nur allen Bakterien den Garaus, sondern versuchte auch die Erinnerung an die morbide Vergangenheit auszulöschen. Die Einheitsfarbe Weiß, die für »klinische Helligkeit« sorgte, wurde aufgelockert; dort, wo früher die Spucknäpfe gewaschen wurden, ist heute die Fonduestube, im alten Operationssaal die Lingerie. Auf einem der Liegestühle allerdings könnte Hans Castorp oder aber sein Schöpfer Thomas Mann gelegen haben, denn sie werden noch immer in Ehren gehalten.

Verflogen dürfte inzwischen auch der Gram der Einheimischen sein, die den *Zauberberg* als »Schmähung des renommierten Kurortes« empfanden. Heute betrachtet man die literarische Verewigung durch Thomas Mann, der es nach Erscheinen seines Buches nicht ratsam fand, sich im Dorf zu zeigen, als Ehre und willkommene Stimulanz der Übernachtungszahlen. Der Kurverein lädt zur *Zauberberg*-Tagung, und in der Hotelbibliothek findet man das Werk in mehreren Sprachen.

Auf dem Nachttisch:
Thomas Mann,
Der Zauberberg

34

Mr. Wormold, *Unser Mann in Havanna*, ist ein einfacher Staubsauger-vertreter, der wider Willen für den britischen Geheimdienst angeworben wurde. Er nimmt seine Aufgabe so ernst, daß er bald gewarnt wird, man wolle ihn bei einem Empfang vergiften. Im Hotel Nacional schreitet er seiner Henkersmahlzeit entgegen und hofft, durch höchste Aufmerksamkeit das Übel abwenden zu können.

Havanna
Hotel Nacional

Graham Greene

Er ging durch die Halle des Hotels Nacional zwischen Vitrinen mit italienischen Schuhen, dänischen Aschenbechern, schwedischen Gläsern und britischen lila Wollpullovern.

Zu Ehren des Generalkonsuls schmückten zwei große Flaggen der Vereinigten Staaten den Saal, und Papierfähnchen wie in einem Flughafenrestaurant zeigten an, wo die einzelnen Nationalitäten saßen. [...]

Als Wormold und Carter eintraten, wurden Cocktails gereicht, und ein Kellner kam sofort auf sie zu. Bildete es sich Wormold ein, oder drehte der Kellner das Tablett tatsächlich so, daß der letzte Daiquiri Wormolds Hand am nächsten war?

»Nein. Nein, danke.« [...]

Dann sah er auf seinen Teller und bemerkte etwas Seltsames: Die Karotten fehlten. Er sagte schnell: »Ihnen ist es lieber ohne Karotten«, und schob Mr. MacDougall den Teller zu.

»Was ich nicht mag, sind die Pommes frites«, sagte Mr. MacDougall schnell und reichte den Teller dem luxemburgischen Konsul. Der luxemburgische Konsul, mit einem Deutschen am Tisch gegenüber ins Gespräch vertieft, gab den Teller mit geistesabwesender Höflichkeit an seinen Nachbarn weiter. Die Höflichkeit steckte alle an, die noch nicht bedient worden waren, und der Tel-

Hotel Nacional
Calle 0 et 21, Vedado
Havanna
Kuba
Tel.: 00 53/7/33.35.64
Fax: 00 53/7/33.50.55
145 Zimmer, 7 Suiten
DZ ab 150 Dollar

35

ler wanderte weiter auf Dr. Braun zu, dessen restlicher Morro-krebs eben abgetragen worden war. Der Oberkellner sah, was sich abspielte, und folgte dem Teller am Tisch entlang, aber er blieb ihm immer einen Schritt voraus. Der Kellner, der mit weiteren Tel-lergerichten zurückkam, wurde von Wormold abgefangen, der sich einen Teller nahm. Der Kellner machte ein verwirrtes Gesicht. Wormold fing mit Appetit zu essen an. »Die Karotten sind aus-gezeichnet«, sagte er.

Der Oberkellner lungerte neben Dr. Braun herum. »Entschul-digen Sie, Dr. Braun«, sagte er, »Sie haben keine Karotten bekom-men.«

»Ich mag keine Karotten«, sagte Dr. Braun und schnitt ein Stück Huhn ab.

»Ich bitte vielmals um Entschuldigung«, sagte der Oberkellner und griff nach Dr. Brauns Teller. »Ein Fehler in der Küche.«

Havanna,
Straßenbild

Auf dem Nachttisch:
Graham Greene,
Unser Mann in Havanna

ings um das Schloß aber begann eine Dornenhecke zu
wachsen, die jedes Jahr höher ward und endlich das ganze
Schloß umzog und darüber hinaus wuchs, daß gar nichts
mehr davon zu sehen war, selbst nicht die Fahne auf dem Dach. Es
ging aber die Sage in dem Land von dem schlafenden Dornröschen; denn so ward die Königstochter genannt, also daß von
Zeit zu Zeit Königssöhne kamen und durch die Hecke in das
Schloß dringen wollten. Es war ihnen aber nicht möglich; denn
die Dornen, als hätten sie Hände, hielten fest zusammen, und die
Jünglinge blieben darin hängen, konnten sich nicht wieder los-
machen und starben eines jämmerlichen Todes. Nach langen langen Jahren kam wieder einmal ein Königssohn in das Land und
hörte, wie ein alter Mann von der Dornenhecke erzählte, es sollte
ein Schloß dahinter stehen, in welchem eine wunderschöne Königstochter, Dornröschen genannt, schon seit hundert Jahren
schliefe, und mit ihr schliefe der ganze Hofstaat. Er wußte auch
von seinem Großvater, daß schon viele Königssöhne gekommen
wären und versucht hätten, durch die Dornenhecke zu dringen,
aber sie wären darin hängengeblieben und eines traurigen Todes
gestorben. Da sprach der Jüngling: »Ich fürchte mich nicht, ich

Hofgeismar
Dornröschenschloß
Sababurg

Jakob und
Wilhelm Grimm

Dornröschenschloß
Sababurg
D–34369 Hofgeismar
(Sababurg)
Tel.: 05671/808 0
Fax: 05671/808 200
17 DZ ab 245 DM

37

Jakob und Wilhelm Grimm

will hinaus und das schöne Dornröschen sehen.« Der gute Alte mochte ihm abraten, wie er wollte, er hörte nicht auf seine Worte. Nun waren aber gerade die hundert Jahre verflossen, und der Tag war gekommen, wo Dornröschen wieder erwachen sollte. Als der Königssohn sich der Dornenhecke näherte, waren es lauter große schöne Blumen, die taten sich von selbst auseinander und ließen ihn unbeschädigt hindurch und hinter ihm taten sie sich wieder als Hecke zusammen.

Die Zimmer haben keine Nummern, sondern wurden vor über 400 Jahren vom hessischen Landgraf Wilhelm IV. mit Tiernamen benannt, man wohnt »Im weißen Hirsch« oder »In der wilden Sau«. Eine Anspielung auf den von ihm gegründeten Tierpark unterhalb der Burg.

Tatsächlich zog sich bis ins sechzehnte Jahrhundert eine kilometerlange Hecke um die Sababurg. Ob das *Dornröschen* aus der Sammlung der Brüder Grimm aber tatsächlich hier seinen Ursprung hat, wie es der Volksglaube will, und ob die beiden Märchensammler bei ihren Nachforschungen im Raum Kassel bis zur Sababurg gelangt sind, ist nicht erwiesen. Das Hotel jedoch, das seit 1959 in den Räumen der über sechshundert Jahre alten Burg beherbergt ist, gibt sich alle Mühe, der Legende gerecht zu werden: Auf Bestellung kann man sich von Dornröschen und seinem Prinzen mit einem Feentrunk begrüßen lassen, und ein Standesamt ist auch gleich in der Burg. Im hauseigenen SabaBurgTheater im mittelalterlichen Gewölbekeller werden neben Dramen und Tragödien auch Märchen aufgeführt.

Auf dem Nachttisch:
Brüder Grimm,
Kinder- und Hausmärchen

Ein Pariser Architekt beschließt eines Tages, sich den Schnurrbart ab-
zurasieren. Da niemand bereit ist, eine Veränderung wahrzunehmen,
beginnt der Erzähler aus Emmanuel Carrères Roman *Der Schnurrbart,*
an sich und der Welt zu zweifeln, steigt in das erstbeste Flugzeug und
findet sich in Hong Kong wieder. Eine absurde und ziellose Odyssee
durch die Stadt führt ihn schließlich ins Hotel Mandarin.

Hong Kong
Hotel Mandarin

Emmanuel Carrère

E r blieb abrupt stehen, als würden seine Füße mit dem roten,
auf dem Bürgersteig ausgerollten Teppich verwachsen, und
begriff, daß er vor einem Hotel stand, dessen Klimaanlage
für ein Mikroklima sorgte, das bis auf die Straße hinaus reichte. Er

Hotel Mandarin
5, Connaught Road Central
Hong Kong
Tel.: 00 852/522.01.11
Fax: 00 852/810.61.90
484 Zimmer, 58 Suiten
DZ ab 2000
Hong Kong Dollar

streifte seine Jacke über und trat ein. In der Hotelhalle war es eisig kalt, auf einen Schlag eine andere Welt. Ledersessel, dunkle Glastische, Grünpflanzen, das Ganze umgeben von einer Loggia und Luxusboutiquen; die Wände waren geschmückt mit bronzenen Flachreliefs, die an eine Ansammlung durchgebrannter Sicherungen erinnerten, sowie mit einer scheußlichen Freske mit vermeintlich asiatischen Motiven. Eine Anschlagtafel wies den Weg zu mehreren Restaurants und einem Coffeeshop. Er knöpfte seine Jacke zu und beschloß, dort zu frühstücken.

Nach eingehender Überlegung beschloß er sogar, sich fortan im Hotel Mandarin einzuquartieren. Die Tatsache, sich in beträchtliche Unkosten zu stürzen, gab ihm das Gefühl, eine Entscheidung zu treffen. Da er in Kowloon sowieso nichts Besonderes zu tun hatte, würde ihn dieser Umzug ein wenig von der Versuchung der Fähre ablenken. »On the Hongkong side« hatte er zwar auch nichts zu tun, doch was soll's ...

Er bekam ein helles, geräumiges und komfortables Zimmer mit einem Doppelbett; das Fenster ging nicht auf die breite, parallel zum Kai verlaufende Avenue, sondern auf eine Querstraße, deren Lärm von der Doppelverglasung gedämpft wurde. Nachdem der Hotelpage wieder gegangen war, zog er sich aus, nahm eine Dusche und rasierte sich, wobei er äußerst vorsichtig mit dem Rasiermesser umging, da er mit dessen Handhabung nicht vertraut war. Der Schnurrbart begann schon Gestalt anzunehmen, und dieses Nachwachsen weckte in ihm die verrückte Hoffnung, die Rückkehr zu seinem einstigen Aussehen würde die durch seine Handlungsweise heraufbeschworenen Rätsel aus der Welt schaffen oder gar nachträglich annullieren. Auf einen Schlag fände er zu seiner physischen, psychischen und biographischen Integrität zurück, von der ganzen Unordnung bliebe nichts übrig. Er würde Hongkong wieder verlassen und in der berechtigten Überzeugung heimkehren, nur auf Geschäftsreise, im Auftrag des Büros dort gewesen zu sein.

Auf dem Nachttisch:
Emmanuel Carrère,
Der Schnurrbart

MANDARIN ORIENTAL
HONG KONG

Das 19. Jahrhundert ist eine Ära des Reisens und der Reiseliteratur. Auch Mark Twain bricht 1878 auf, um seinen Landsleuten in Amerika von dem Kontinent ihrer Ahnen zu berichten. Und er verschont weder das Kulturerbe der Alten Welt noch die amerikanischen Touristen, die »Arglosen im Ausland«, vor seinem kritischen Blick.

In der Schweiz schießen die Hotels wie Pilze aus dem Boden. In Interlaken ragen die Hotels Victoria und Jungfrau Seite an Seite empor. Twain entscheidet sich für letzteres:

Interlaken
*Grandhotel
Victoria-Jungfrau*

Mark Twain

W ir stiegen im Hotel zur Jungfrau ab, einer von diesen mächtigen Einrichtungen, die von den Bedürfnissen des modernen Reisens in jedem hübschen Fleck Europas geschaffen worden sind. Zum Abendessen versammelte sich eine stattliche Menschenmenge, und wie immer hörte man die verschiedensten Sprachen.

An der Table d'hôte wurde von Kellnerinnen in der altmodischen kleidsamen Schweizer Bauerntracht bedient. Diese besteht aus einem einfachen, mit Rosenwasser abgesetzten gros de laine mit Überrock in sacre bleu ventre saint gris, der auf der abgewandten Seite quergeschnitten ist und Aufschläge aus pâté de foie gras hat, die in Form eines jeu d'esprit aufs mise en scène gesteppt sind. Sie gibt der Trägerin ein außerordentlich pikantes und verführerisches Aussehen.

Nach dem Essen verteilten sich die Gäste beiderlei Geschlechts über die Veranden und den zum Hotel gehörenden Ziergarten, um die kühle Luft zu genießen; aber als sich die Dämmerung zur Dunkelheit vertiefte, versammelten sie sich in jenem traurigsten

*Grandhotel
Victoria-Jungfrau*
CH–3800 Interlaken
Tel.: 0041/36/27.11.11
Fax: 0041/36/27.37.37
163 Zimmer, 64 Suiten
DZ ab 475 SFr

und förmlichsten und zwanghaftesten aller Räume, dem öden
großen Gesellschaftszimmer, das das Hauptmerkmal aller euro-
päischen Sommerhotels ist. Dort gruppierten sie sich zu Paaren
und zu dritt und murmelten mit gedämpfter Stimme und sahen
verschüchtert und heimatlos und verloren aus.

Ein kleines Klavier stand in diesem Zimmer, ein klirrendes,
röchelndes, asthmatisches Ding, ganz gewiß die schlimmste Fehl-
geburt, die der Welt je unter Klavieren begegnet ist. Fünf oder
sechs niedergeschlagene und heimwehkranke Damen näherten
sich ihm nacheinander zweifelnden Gesichts, versetzten ihm
einen einzigen prüfenden Schlag und zogen sich mit einem Kinn-
backenkrampf zurück. Aber der Herr, besser: die Herrin, über
dieses Instrument sollte doch noch kommen, und zwar aus meinem Lande – aus Arkansas.

Sie war nagelneu vermählt, unschuldig, mädchenhaft, selber
glücklich und glücklich mit ihrem ernsten, sie verehrenden Bürschchen von Gemahl; sie war etwa achtzehn, frisch von der Schule
weg, ohne alle Ziererei; die leidenschaftliche Menge um sie her
bemerkte sie überhaupt nicht; und als sie zum erstenmal auf das
alte Wrack einhieb, wurde einem sofort klar, daß es seinem Schicksal begegnet war. Ihr Bürschchen holte einen Armvoll hochbe-
tagter Noten aus ihrem Zimmer herbei – denn diese Frischver-
mählte hatte vorgesorgt, das muß man sagen – und beugte sich
liebevoll über sie und machte sich zum Umblättern bereit.

Die junge Frau raste mit den Fingern einmal über die ganze
Länge der Tasten, wohl um sich zu orientieren, und man sah, wie

die Versammlung unter der Qual die Zähne zusammenbiß. Dann ließ sie ohne jedes weitere Vorspiel alle Schrecken der »Schlacht von Prag«, dieses ehrwürdigen Schauerstücks, los und watete bis zum Kinn im Blut der Erschlagenen. Sie brachte es auf einen recht ehrenhaften Durchschnitt von zwei falschen Tönen unter fünf, aber ihre Seele war in Waffen und sie hielt nie inne, um sich zu verbessern. Die Zuhörer hielten es eine Weile mit tüchtigem Zähneknirschen aus, aber als die Kanonade dann immer heißer und grimmiger wurde und der Dissonanzendurchschnitt auf vier in fünf stieg, begann der Auszug. Ein paar Nachzügler hielten noch etwa zehn Minuten länger die Stellung, aber als das Mädchen die wahre Innerlichkeit aus den »Schreien der Verwundeten« herauszuwringen begann, strichen auch sie die Flagge und zogen sich panikartig zurück.

Einen vollständigeren Sieg hat es nie gegeben; ich war der einzige Nichtkombattant, der sich noch auf dem Schlachtfeld befand. Ich hätte meine Landsmännin auf keinen Fall im Stich gelassen, aber eigentlich lag mein Verlangen auch gar nicht in der Richtung. Keiner von uns mag Mittelmäßigkeit, wir alle verehren das Vollkommene. Die Musik dieses Mädchens war auf ihre Art Vollkommenheit: es war die schlechteste Musik, die jemals auf diesem Planeten von nichts weiter als einem Menschen hervorgebracht wurde.

Ich ging ganz dicht heran, damit mir auch nicht ein Ton entwische. Als sie fertig war, bat ich sie, das Ganze noch einmal zu spielen. Sie tat es mit freudiger Bereitwilligkeit und erhöhter

Das Victoria-Jungfrau, 1906

Begeisterung. Diesmal spielte sie *nur* Dissonanzen. Sie legte ein Maß an Qual in die Schreie der Verwundeten, das neues Licht auf menschliches Leid warf. Den ganzen Abend war sie auf dem Kriegspfad. Immer wieder versammelten sich Gruppen von Leuten auf der Veranda und drückten sich die Nase an den Fensterscheiben platt, um das Wunder zu besichtigen, aber auch die tapfersten wagten sich nicht herein. Die Jungvermählte ging, nachdem sie ihren gefräßigen Appetit schließlich gestillt hatte, befriedigt und glücklich mit ihrem jungen Burschen von dannen, und die Touristen schwärmten zurück.

Als wir am nächsten Morgen zum Fenster hinausschauten, bot sich uns ein wunderbarer Anblick. Auf der anderen Seite des Tales und dem Anschein nach recht nachbarlich und nahebei erhob sich hinter einem Tor in dem noch näher gelegenen Hochland die Riesengestalt der Jungfrau kalt und weiß zum klaren Himmel empor. Ich fühlte mich irgendwie an eine von diesen gewaltigen Wogen erinnert, die manchmal auf See plötzlich neben dem Schiff aufsteigen – Kamm und Schultern schneeweiß und die übrige ebenmäßige edle Gestalt abwärts, von sahnigem Schaum gestreift.

Ich holte mein Skizzenbuch hervor und zeichnete ein kleines Bild von der Jungfrau, nur um ihre Form festzuhalten.

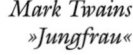
Mark Twains
»Jungfrau«

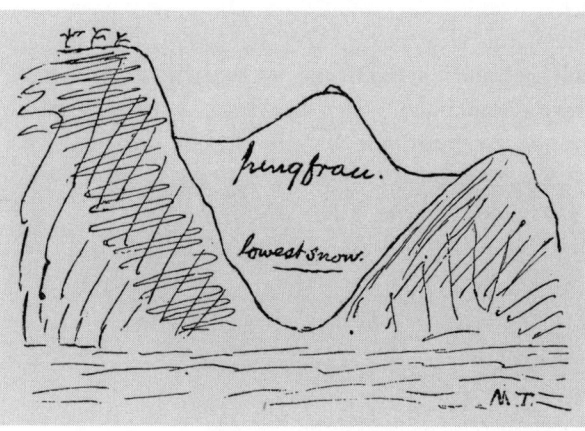

Auf dem Nachttisch:
Mark Twain,
Bummel durch Europa

»Ich frage mich, ob ich Ihrer Vaterstadt nicht die Ehre antun werde, hier mein Buch zu beenden«, sagte James Joyce zu seinem jungen Verehrer Jacques Mercanton. Zumindest Teile aus *Finnegans Wake*, das damals noch *Work in Progress* hieß, sind in Lausanne im Hôtel de la Paix entstanden, wohin Joyce in den dreißiger Jahren regelmäßig zurückkehrte.

Dann zog er manchmal zu Ehren seines Freundes die Lüsterjacke an, die er in Lausanne gekauft hatte, und ließ sich von ihm die Westschweiz zeigen, wobei er sich nie für die Orte und Dinge, sondern nur für deren Namen interessierte, um danach jeweils »wie ein Schiffbrüchiger, der wieder Festland erreicht hat«, sein Hotel wiederzufinden. Den angehenden Schriftsteller wußte Joyce wie viele andere Freunde einzuspannen, um etwas Ordnung in das Chaos des *Work in Progress* zu bringen. Mercanton erinnert sich: »Eine der Seiten, die ich abtippen soll, ist gerade am Morgen geschrieben worden, und zwar auf Grund eines Entwurfs, und diesem Entwurf soll eine Seite folgen, die fünfzehn Jahre zuvor erstellt worden ist. Er arbeitet noch immer am zweiten Teil des Buches, während der dritte bereits im Druck ist.«

Jahre nach dem Tod des Dichters schafft Mercanton ein Porträt seines Freundes, *Die Stunden des James Joyce,* in dem er die gemeinsam verbrachten Tage getreu nachzeichnet.

Joyce ruft mich früh an heute morgen, um mir von der schrecklichen Nacht zu erzählen, die er in einem Sessel der Halle verbracht habe, wegen der nächtlichen Bauarbeiten, die man unter seinen Fenstern in Angriff genommen habe. Er bittet mich, möglichst schnell heraufzukommen, um seine Frau zu beruhigen.

»Sie ist imstande, heute nachmittag die Koffer zu packen!« sagt er in dem Tonfall, in welchem er mir mitteilen sollte, Hitler sei drauf und dran, die Schweiz zu überfallen.

Ich treffe sie auf der Freitreppe des Hotels an, mitgenommen und mitleiderregend, mit Blick zu den dunstverschleierten Bergen, und beide sehen sie wie Schiffbrüchige aus. Nachdem man

Lausanne
Hôtel de la Paix

James Joyce
Jacques Mercanton

Hôtel de la Paix
5, avenue
Benjamin-Constant
CH-1002 Lausanne
Tel.: 021/320.71.71
Fax: 021/323.02.07
116 Zimmer
DZ ab 190 SFr

45

mir nochmals die dramatische Nacht erzählt hat, stärkt sie mein *cheer up* ein wenig, und von Abreise ist keine Rede mehr. Mit einem kurzen Nachfragen in andern, abgelegeneren Hotels, die sie aufzunehmen bereit sind, wird die Angelegenheit am späten Vormittag erledigt: Das betreffende Hotel gefällt ihnen gerade deshalb, weil es genau im Zentrum steht und daher in den Genuß des regen Lebens und der Geräusche der Stadt kommt.

Trotzdem schwang in seiner Stimme am Telefon noch etwas anderes mit: Der Straßenlärm erinnerte ihn an den des Krieges, und Joyce ist bereit, beim geringsten Anzeichen einer Gefahr zu seiner Tochter nach Frankreich zurückzukehren.

Ein Lichtstrahl im Herbsthimmel: Soeben hat er von einem irischen Freund ein altes Lied erhalten, das er seit fünfunddreißig Jahren sucht: *Follow me up to Carlow,* ein Kriegslied mit einem martialischen Rhythmus, das er mich zu entziffern bittet, damit ich es ihm später vorspielen könne.

Und er erzählt mir abenteuerliche Taten aus dem Leben eines Grafen von Carlow, dem Vater oder Großvater dieses Freundes, der einem französischen Admiral in Dieppe eine Seife an den Kopf warf und in seinem Schloß in Irland von seinem Bett aus auf Vögel schoß, die vor seinem Fenster vorbeiflogen.

»Ach, wenn ich stärker wäre und besser sähe, hätte ich es heute nacht ebenso gemacht.«

Nach dem Spaziergang begeben wir uns am Spätnachmittag in ein Besuchszimmer des Hotels hinauf. Joyce läßt mich das Lied mehrmals vortragen, um es zu lernen, setzt sich neben mich ans Klavier, fügt dem Baß Harmonien hinzu, wiederholt den Refrain:

> *Curse and swear, Lord Kildare!*
> *Feagh will do what Feagh will dare;*
> *Now, Fitzwilliam, have a care –*
> *Fallen is your star, low!*
> *Up with halbert, out with sword,*
> *On we go; for by the Lord!*
> *Feagh MacHugh has given the word:*
> *Follow me up to Carlow!*

Er sucht die Tonhöhe, möchte einen Ton höher transponieren, versucht, das Lied auswendig noch einmal zu spielen. Vom Vergnügen, doch vor allem von der Erschütterung des Singens mitgerissen, bleibt er dann allein am Klavier zurück und singt, indem er sich mit ein paar Akkorden begleitet, mit einer wohlklingenden, vibrierenden und ein wenig brüchigen Stimme ein altes gälisches Klagelied voller Sehnsucht und Sanftheit. Sein gerührtes Gesicht

46

nimmt einen jugendlichen und schmerzvollen Ausdruck an, seine Augen fallen zu, seine feinen Hände mit den schweren Ringen gleiten über die Tasten dahin. Er geht über zu einem schönen Lied von Grieg nach Worten von Ibsen, eine Jugenderinnerung, hält inne, steht ungeduldig auf, knöpft seinen Regenmantel zu, den er nicht ausgezogen hat, und ergreift seinen Schirm. Wie ich ihn aber bitte, noch etwas zu spielen, und Mrs. Joyce, die im Hintergrund des Zimmers sitzt, ihn dazu ermutigt, setzt er sich schließlich wieder ans Klavier, zögert einen Augenblick und stimmt mit einer pathetischen, verhaltenen und außerordentlich nüchternen Stimme eine Melodie an, die er selbst auf ein Gedicht aus *Chamber Music* komponiert hat:

James Joyce

> *Bid adieu, adieu, adieu*
> *Bid adieu to girlish days.*
> *Happy love is come to woo*
> *Thee and woo thy girlish ways –*
> *The zone that doth become thee fair,*
> *The snood upon the yellow hair.*

Die Dämmerung breitet sich im Besuchszimmer aus. Während die Finger leise spielend über die Tasten gleiten, wendet Joyce den regenverhangenen Scheiben sein abgezehrtes, von einem geheimnisvollen Mitleid geprägtes Gesicht zu, jenem Mitleid, das in der Tiefe des Herzens fortdauert, wenn das Verlangen abgeklungen ist. *He felt the sufferings of women, the weaknesses of their bodies and souls …* Nur der Gesang der Seele dringt durch die Verzweiflung der Erinnerungen, das Leiden der Körper und der Seelen hindurch, und seine Melodie ist ein wenig sentimental: In der oberen Lage tönt die Melodie zerrissen, und in der unteren erstickt sie wie in einem Schluchzer. Plötzlich, als verscheuche er einen Traum, sagt er: »*Andiamo!*«

Er bringt seinen Regenmantel wieder in Ordnung, setzt seinen breitrandigen Hut auf und geht so schnell die Treppe hinunter, daß wir ihm kaum folgen können.

Auf dem Nachttisch:
Jacques Mercanton,
Die Stunden des James Joyce

47

Joseph Roths meist prekäre Finanzlage hat selten seine Hotelwahl beeinflußt. Sie hinderte ihn auch nicht daran, im Luxushotel Fürstenhof abzusteigen und dem Pagen bei der Abreise seinen ganzen Kofferinhalt als Trinkgeld zu hinterlassen. »Ich kauf mir auf dem Weg zum Bahnhof Neues.« Als ein Brief im Fürstenhof ankam, der verdächtig nach einem Mahnbrief aussah, ließ er ihn mit der Bemerkung zurücksenden: »Adressat nach Kairo abgereist. Adresse unbekannt.«

Der Palast im frühklassischen Stil wird zur Zeit nach den Auflagen des Denkmalschutzes vollständig renoviert. Wiederauferstehen soll dabei nicht nur die ehemalige Architektur und Innenausstattung bis zu den Tapetenmustern, sondern auch eine alte Hoteltradition, die Wert legt auf individuelles Wohnen und persönliche Betreuung. Dazu gehört, daß der Gast sich mit dem Portier über die Konzerte im Gewandhaus unterhalten kann, was dem Stammgast Joseph Roth sicherlich gefallen hätte schreibt er doch in einem Essay über das Hotel:

Leipzig
Hotel Fürstenhof

Joseph Roth

D er Blick, mit dem mich der Portier begrüßt, ist mehr als eine väterliche Umarmung. Und als wäre er wirklich mein Vater, bezahlt er aus eigener Westentasche den Chauffeur, um den ich mich nicht mehr kümmere. Der Empfangschef im Cutaway tritt aus seinem gläsernen Verschlag und lächelt mehr, als er sich verbeugt. So selig scheint ihn meine Ankunft zu machen, daß sein Rücken seinem Mund Freundlichkeit abgibt und das

Gegenüber:
Leipzig während
der Frühjahrsmesse,
30er Jahre

Hotel Fürstenhof
Tröndlinring 8
D–04105 Leipzig
Tel.: 0341/980.50.05
Fax: 0341/980.50.06
76 Zimmer, 16 Suiten
DZ ab 390 DM

49

Berufliche sich mit dem Menschlichen in der Begrüßung teilt. Er würde sich schämen, mir einen Meldezettel vorzulegen; so genau weiß er, daß ich das Gesetz als eine persönliche Beleidigung empfinde. Meinen Meldezettel schreibt er später, wenn ich schon im Zimmer bin, mit eigener Hand, obwohl er keine Ahnung hat, woher ich komme. Nach Lust und Laune schreibt er irgendeinen Namen hin, einen der Städte, die er für würdig hält, von mir besucht zu werden. Meine Daten sind ihm geläufiger als mir selbst. Wahrscheinlich kehren im Laufe der Jahre noch andere Männer bei ihm ein, die so heißen wie ich. Aber ihre Daten kennt er nicht, und stets erscheinen sie ihm ein wenig verdächtig, als wären sie illegale Usurpatoren meines Namens. Der Liftboy nimmt meine Koffer unter seine Arme. So dürfte ein Engel seine Flügel ausbreiten. Niemand fragt, wie lange ich zu bleiben gedenke, ob eine Stunde oder ein Jahr: dem Vaterland ist beides lieb. Der Portier flüstert mir zu: »627! ist Ihnen recht?« – – als wüßte ich genau so wie er, was es für ein Zimmer ist ...

Auf dem Nachttisch:
Joseph Roth,
Ankunft im Hotel.
In: *Kleine Prosa.*

50

»Das Frühstück ist obligatorisch.« Der Zettel an der Wand im Hotel Savoy erschien Joseph Roth bezeichnend für die Atmosphäre der Stadt Lodž, wie er sie während des Ersten Weltkrieges kennenlernte: Das »polnische Manchester« hatte sich dem Geldverdienen verschrieben.

In seinem 1924 erschienenen Roman *Hotel Savoy* macht er daraus das Gleichnis einer unentrinnbaren und unergründbaren Welt. Das Haus ist bevölkert mit einem bunten Haufen verlorener Existenzen aus den Nachkriegsjahren wie dem Heimkehrer Gabriel Dan:

Lodž
Hotel Savoy

Joseph Roth

Europäischer als alle anderen Gasthöfe des Ostens scheint mir das Hotel Savoy mit seinen sieben Etagen, seinem goldenen Wappen und einem livrierten Portier. Es verspricht Wasser, Seife, englisches Klosett, Lift, Stubenmädchen in weißen Hauben, freundlich blinkende Nachtgeschirre, wie köstliche Überraschungen in braungetäfelten Kästchen; elektrische Lampen, aus rosa und grünen Schirmen erblühend wie aus Kelchen, schrillende Klingeln, die einem Daumendruck gehorchen, und Betten, daunengepolsterte, schwellend und freudig bereit, den Körper aufzunehmen.

Ein Lift nimmt mich auf, Spiegel zieren seine Wände, der Liftboy, ein älterer Mann, läßt das Drahtseil durch seine Hände gleiten, der Kasten hebt sich, ich schwebe – und es kommt mir vor, als

Lodž,
Eingang in den Tuchbasar,
30er Jahre

Hotel Savoy
Ulica Traugutta 6
90–432 Lodž
Tel.: 0048/42/32.93.60
153 Zimmer,
DZ ab 650.000 Zl.

*Blick auf Lodž,
30er Jahre*

würde ich so noch eine geraume Weile in die Höhe fliegen. Ich genieße das Schweben, berechne, wieviel Stufen ich mühsam erklimmen müßte, wenn ich nicht in diesem Prachtlift säße, und werfe Bitterkeit, Armut, Wanderung, Heimatlosigkeit, Hunger, Vergangenheit des Bettlers hinunter –, tief, woher es mich, den Emporschwebenden, nimmermehr erreichen kann.

Mein Zimmer – ich habe eines der billigsten bekommen – liegt im sechsten Stockwerk und trägt die Nummer 703. Die Zahl gefällt mir – ich bin zahlengläubig – die Null in der Mitte ist wie eine Dame, von einem ältern und einem jüngern Herrn flankiert. Auf dem Bett liegt eine gelbe Decke; gottlob, keine graue, die ans Militär erinnern könnte. Ich knipse ein paarmal das Licht an und aus, schlage die Tür des Nachtkästchens auf, die Matratze gibt dem Druck der Hand nach und federt empor, Wasser blinkt aus der Karaffe, das Fenster geht in Lichthöfe, in denen lustig bunte Wäsche flattert, Kinder schreien, Hühner lustwandeln.

Ich wasche mich und schlüpfe langsam ins Bett, jede Sekunde koste ich aus. Ich öffne das Fenster, die Hühner schwatzen laut und lustig, es ist wie süße Schlafmusik.

Ich schlafe ohne Traum den ganzen Tag.

An dem Ort haftet etwas Geheimnisvolles, Gespenstisches, alle seine Gäste sind ihm verfallen: »Niemand entging dem Hotel Savoy.« Es birgt aber auch Hoffnung. »Gabriel«, sagt sich der Erzähler, »du kommst mit einem Hemd im Hotel Savoy an und fährst weg als ein Gebieter über zwanzig Koffer.« Am Ende des Romans läßt Roth das Hotel in den Flammen eines Arbeiteraufstands aufgehen.

Auf dem Nachttisch:

Joseph Roth,
Hotel Savoy

1944. Zum dritten Mal führt ein Krieg Hemingway nach Europa. Das Hotel Dorchester ist der Ort seiner ersten Berichte für den *Collier's* und für seinen vierten Heiratsantrag. Mary Welsh berichtet von einem denkwürdigen Abend unter Kriegskorrespondenten:

London
Dorchester

Ernest Hemingway
Mary Welsh

D a die deutsche Luftwaffe ihre nächtlichen Besuche in London fortsetzte, beschlossen Connie Ernst und ich, gemeinsam ein Zimmer im Dorchester Hotel zu nehmen. Jemand hatte erzählt, das Hotel habe ein Dach aus herrlich dickem Beton, und außerdem fanden wir es beide tröstlich, unsere Ängste zu teilen. Charles und Lael Wertenbaker hatten dort auch ein Zimmer mit Blick auf den Hyde Park, und eines Abends luden sie mich und einen jungen Mann, der mich zum Abendessen ausführte, auf einen Drink zu sich ein. Hemingway war bei ihnen. Wir setzten uns auf das Bett und hörten ihm zu. Er beklagte gerade den

Dorchester
Park Lane
GB–London WIA 2HJ
Tel.: 0044/71/629.88.88
Fax: 0044/71/409.01.14
197 Zimmer, 55 Suiten
DZ ab 225 Pfund

Verlust seines »Glücksteins«, den er aus Kuba mitgebracht hatte. Lael gab ihm einen Champagnerkorken als Ersatz, und ich empfand zu meiner Überraschung so etwas wie Antipathie ihm gegenüber. Aber vielleicht störte es mich nur, daß er anscheinend nicht so anregend war wie seine Bücher.

Große Ereignisse standen unmittelbar bevor, wie wir alle wußten, und unser Gespräch drehte sich in dieser Stunde ums Sterben, und wir redeten darüber in der üblichen lässigen Londoner Art. General Tooey Spaatz hatte mir persönlich und ausdrücklich verboten, seine Piloten zu überreden, mich auf einem ihrer Flüge über Frankreich mitzunehmen, und ich hatte es ihm widerwillig, aber brav versprochen. Weder Charlie noch Lael oder mein Begleiter waren besonders darauf erpicht, bei der Invasion dabeizusein. Ernest jedoch hoffte, mit irgendeiner amerikanischen Einheit nach Frankreich gehen zu können und meinte: »Meine Mutter hat mir nie verziehen, daß ich im Ersten Weltkrieg nicht gefallen bin, weil sie so keine *Gold Star*-Mutter geworden ist.« Ein trauriger Scherz, dachte ich bei mir und empfand abermals diese Abneigung. In späteren Jahren sollte ich in vielen fremden Gesichtern den gleichen Ausdruck der Ablehnung entdecken, die ich gefühlt und nicht verstanden hatte.

Als mein Freund und ich uns verabschiedeten, sagte Ernest, er wolle später noch bei Connie und mir vorbeikommen. »Ich muß aber früh zu Bett«, erwiderte ich.

Zufällig kam ich früh nach Hause und fand Connie und unseren alten Freund Michael Foot auf ihrem Bett sitzend vor. Es war ein warmer Abend, und um frische Luft zu haben, hatten sie die Fenster weit geöffnet und wegen der Verdunklung das Licht ausgemacht. Ich stopfte mir ein paar Kissen in den Rücken und

streckte mich auf dem Bett aus. Wir plauderten vergnügt, als es an der Tür klopfte: Ernest. Er machte es sich neben mir im Dunkeln bequem und begann, uns sehr unterhaltsam und ausführlich von seiner Familie in Oak Park, Illinois, zu erzählen.

Es war eine bittersüße Gutenachtgeschichte, und wir drei Zuhörer murmelten beifällig. Da schlug Ernest plötzlich ein ganz neues Thema an.

»Ich kenne Sie nicht, Mary. Aber ich möchte Sie heiraten. Sie sind so lebendig. Sie sind schön wie ein Schmetterling.«

Schweigen.

»Ich *möchte* Sie *jetzt* heiraten. Und ich hoffe, Sie irgendwann heiraten zu können. Irgendwann werden Sie mich vielleicht auch heiraten wollen.«

Langes Schweigen.

»Seien Sie nicht albern«, sagte ich schließlich. »Das soll wohl ein Witz sein. Wir sind beide verheiratet, und außerdem kennen wir uns gar nicht.«

»Der Krieg wird uns vielleicht eine Zeitlang trennen«, fuhr Ernest behutsam und beharrlich fort. »Aber wir müssen anfangen, unsere Kampfhandlungen zu koordinieren.« Seine Stimme war ruhig und, wie mir schien, etwas traurig. Resigniert vielleicht.

»Sie sind sehr voreilig«, sagte ich.

Ernest stand auf. »Denken Sie bitte nur immer daran, daß ich Sie heiraten möchte. Jetzt und morgen und nächsten Monat und nächstes Jahr.«

Wie kann er sich nur so sicher sein, fragte ich mich.

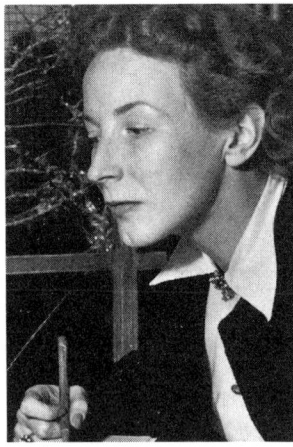

Mary Welsh

Hemingway an seinem Schreibtisch im Dorchester

55

Die Eingangshalle
des Dorchester

Wir schlossen die Fenster, zogen die Vorhänge zu, machten das Licht an und ließen die Männer hinaus. Ich war erschöpft.

»Uff!« sagte Connie, als sie die Tür geschlossen hatte. »Uff! Warum warst du aber auch so schroff zu ihm? Konntest du nicht ein bißchen nett zu ihm sein? Oder freundlich? Der Kerl ist einsam. Du wirst nicht jeden Tag aufgefordert, einen solchen Kerl zu heiraten. Warum bist du nicht ein bißchen nett zu ihm? Es könnte dir noch einmal leid tun.«

Wir hatten uns die Zähne geputzt und das Licht wieder ausgemacht. »Er ist zu groß«, sagte ich und meinte damit beides – Statur und Status.

Auf dem Nachttisch:
Mary Welsh Hemingway,
Wie es war
Ernest Hemingway,
Reportagen

G estern abend bin ich in Luzern eingetroffen und im Schweizerhof, dem ersten Hotel am Platze, abgestiegen. Das prächtige fünfstöckige Gebäude des Schweizerhofs wurde erst kürzlich unmittelbar am Ufer des Sees erbaut, an derselben Stelle, wo sich einstmals eine gewundene überdachte Holzbrücke mit Kapellen an jedem Ende und mit Heiligenbildern am Gebälk befunden hat.

Als ich in mein Zimmer kam und das Fenster zum See öffnete, war ich von der Schönheit dieses Gewässers, dieser Berge und dieses Himmels im ersten Augenblick buchstäblich geblendet und überwältigt. Ich verspürte eine innere Unruhe und das Verlangen, dem Überschwang des Gefühls, das unversehens meine ganze Seele ergriffen hatte, irgendwie Ausdruck zu verleihen. In diesem Moment hätte ich jemand fest in meine Arme schließen, ihn kitzeln, kneifen oder sonst etwas ganz Außergewöhnliches mit ihm und mir anstellen mögen.

Die feierliche Stimmung, die Lew Tolstoi im Juli 1857 nach seiner Ankunft in Luzern verspürte, hielt nicht lange an. Die vielen englischen Touristen, die Hotel und Stadt bevölkerten, kühlten seine Begeisterung merklich ab und verdarben ihm sogar den Appetit beim Diner im Schweizerhof.

Luzern
Hotel Schweizerhof

Lew Tolstoi
Mark Twain

Hotel Schweizerhof
**Schweizerhofquai 3
CH–6002 Luzern
Tel.: 0041/41/50.22.11**
Fax: 0041/41/51.29.71
120 Zimmer, 3 Suiten
DZ ab 420 SFr

Wenn zwischen zweien von diesen hundert Menschen einmal eine Unterhaltung in Gang gekommen war, dann war ganz gewiß vom Wetter oder vom Besteigen der Rigi die Rede. Die Messer und Gabeln bewegten sich kaum hörbar über den Tellern, von den einzelnen Gerichten wurden nur kleine Mengen genommen, Erbsen und Gemüse wurden ausschließlich mit Gabeln gegessen. Die Kellner, die sich unwillkürlich der allgemeinen Stille unterordneten, fragten im Flüsterton, welcher Wein gefällig sei.

Mir wurde, wie stets bei solchen Mahlzeiten, schwer ums Herz, und ohne das Dessert zu Ende zu essen, brach ich in denkbar schlechter Stimmung auf, um ein wenig durch die Stadt zu schlendern.

Ich ging, ohne besondere Überlegungen vor mich hin auf den Boden blickend, die Uferpromenade entlang in Richtung auf den Schweizerhof, als plötzlich Klänge einer seltsamen, doch ungemein angenehmen und lieblichen Musik an mein Ohr schlugen.

Sogleich bildete sich eine Traube von Zuhörern um einen kleinen, ärmlich gekleideten Musikanten, der vor dem Schweizerhof seine Musik zum besten gab. Auf den Balkonen erschienen Damen in »großer Toilette« und Herren mit »makellos weißen Kragen«, Hotelpersonal trat vor die Tür und lauschte aufmerksam. Doch als der Sänger nach Beendigung seiner Darbietung den Hut ausstreckte, erntete er nichts als Gelächter und mußte zur Empörung Tolstois verschämt abziehen.

Ich empfand ein schmerzliches, bitteres Gefühl und vor allem Scham – Scham für den kleinen Kerl, für die ganze Menge und für mich selbst, als ob ich es gewesen wäre, der um Geld gebeten, nichts bekommen hatte und ausgelacht worden war.

Tolstoi folgte dem Sänger und lud ihn zu einer Flasche Wein im Schweizerhof ein. Die Behandlung durch die vordem so höflichen Kellner steigerte seine Entrüstung noch. Man wies ihnen nicht den großen Saal, sondern einen Raum zu, der für das Personal bestimmt war und behandelte die beiden mit Herablassung und Hohn.

Blick über den See auf den Schweizerhof, Mitte des 19. Jh.

Lew Tolstoj,
1857

»Es soll wohl ein einfacher Wein sein«? fragte er, während er, mir verständnisvoll zublinzelnd, mit dem Kopf auf meinen Begleiter zeigte und die Serviette lässig von einer Hand in die andere warf.

»Nein, Champagner, und zwar der allerbeste«, antwortete ich, bemüht, eine möglichst stolze und imponierende Haltung einzunehmen. Doch weder der Champagner noch mein vermeintlich stolzes und imponierendes Aussehen machten auf den Kellner Eindruck.

Erst eine Schimpftirade Tolstois zeigte Wirkung:

Welches Recht haben Sie, nach dem Äußeren zu entscheiden, daß sich dieser Herr in diesem Saal aufzuhalten habe und nicht in jenem? Sind in einem Hotel nicht alle Gäste, die zahlen, gleichberechtigt? Nicht nur in einer Republik, sondern in der ganzen Welt? Eure jämmerliche Republik!... Da sieht man die Gleichheit! Die Engländer hierherzuführen, hätten Sie nicht gewagt, jene Engländer, die diesem Herrn gratis zugehört haben und von denen jeder ihn um ein paar Centimes geprellt hat, die ihm zustanden. Wie konnten Sie sich unterstehen, uns in diesen Saal zu führen?

Endlich wurden sie in den Hauptsaal geführt, worauf eine elegante Engländerin düpiert aufstand und in ihrem »Seidenkleide davonrauschte«.

Gekränkt machte sich Tolstoi am nächsten Tag an die Niederschrift einer Erzählung mit dem Titel *Luzern,* in der er über Geld und Gerechtigkeit und über das undankbare Los der Kunst nachdenkt.

21 Jahre später macht sich Mark Twain seine Gedanken über die Gäste des Schweizerhofes, betrachtete für ein paar Tage zufrieden »den blauen Luzerner See und die aufgetürmten Massen schneebedeckter Berge, die ihn rings einschließen«, bis er sich entschloß, die Perspektive zu wechseln und die Rigi zu besteigen (→ Hostellerie-Hotel auf der Rigi).

Blick über Luzern und den
Vierwaldstätter See, um 1885

Auf dem Nachttisch:
Lew Tolstoi,
Luzern.
In: *Frühe Erzählungen*
Mark Twain,
Bummel durch Europa

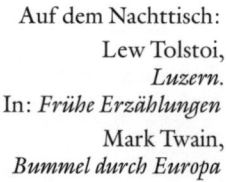

Am 4. November 1925 schreibt Stefan Zweig seiner Frau Friederike einen Brief aus dem Beauvau in Marseille:

Marseille
Hôtel Beauvau

Stefan Zweig

Ich habe als Hotel gefunden, was mir ganz zusagt, altes Haus ohne Restaurant, das einzige, das Blick auf den Hafen hat (ich fotografiere ihn Dir morgen vom Fenster), ein Zimmer spaziös, so daß ich auch arbeiten kann. Auch sonst scheint Marseille ganz das zu sein, was ich will – eine lebendige Stadt. Mit 5 Minuten Tramwayfahrt ist man an der Corniche mit Tropenbäumen und Blick auf das Meer. Mir lieber als Kurorte, wo nur langweilige Müßiggänger sind. Das Leben üppig und vor allem lebendig. Und Ruhe inmitten Lebendigkeit, Einsamkeit im Zentrum einer Bewegung war das, was ich suchte. Während ich Dir schreibe, sehe ich von Zeit zu Zeit rasch zum Fenster hinaus: mich mahnt's an das Alsterbassin und mein Hamburger Zimmer, nur freilich das Klima: laue, durchsonnte Luft mit unzähligen Farbtönen vom Grellen die Scala herunter bis zu diesem Brûme, der an Paris erinnert. – Ich bleibe jedenfalls acht bis zwölf Tage, vielleicht gehe ich noch auf jene Inseln (Hyères) als bescheidene Kompensation meines Balearentraums. Laß es Dir inzwischen gut gehen und sei vielmals gegrüßt von Deinem dich in französischer Währung tausendmal küssenden – ist das nicht genug? – sonst Schweizer Währung.

10 Jahre später erhält Zweig einen Brief aus dem Beauvau. Joseph Roth erklärt ihm, warum er das Leben im Hotel bevorzugt: »Ich kann nicht gemeinsam mit Bekannten Toiletten benützen und im Pyjama gesehen werden und die Anderen so sehen. Grauenhaft! Lieber ganz arm, wie ich einmal gewesen bin. Nichts dazwischen. Ich bin zu krank.«

Der Ausflug nach Hyères fällt ins Wasser. Ein paar Tage später schreibt er:

Nach Hyères bin ich nicht gefahren, weil die See unruhig ist – es war ein beispielloser Mistral bei strahlend klarem Himmel und tiefblauem Meer. Speien kann ich auch zu Hause, wenn ich die österreichischen Zeitungen lese: dazu muß ich nicht nach Hyères fahren.

*Nächste Seite:
Blick in den Hafen
von Marseille,
1920*

Hôtel Beauvau
4, rue Beauvau
F–13001 Marseille
Tel.: 0033/91.54.91.00
Fax: 0033/91.54.15.76
72 Zimmer, 1 Suite
DZ ab 500 FF

Im Jahr 1842 reiste Alexandre Dumas von Italien über den Simplon und stieg vor dem Hôtel de la Poste aus dem Wagen, dem Hotel, das dank seiner günstigen Lage an einem Verkehrsknotenpunkt am Fuß zweier Pässe schon reisende Dichter aller Nationen begrüßt hatte, unter ihnen Goethe, Stendhal, George Sand, Alfred de Musset und viele andere.

Der Hotelier kam höflich auf sie zu und lud sie ein, bei ihm zu speisen, was sie ebenso höflich ablehnten.

Martigny (CH)
Hôtel de la Poste et grand Maison

Alexandre Dumas

Ein sehr freundlicher Gastwirt! sagte mein Begleiter.
– Findest du?
– Aber sicher.
– Und wenn ich daran denke, daß ich ihm eigentlich eine Tracht Prügel verabreichen müßte.
– Warum denn das?
– Weil er, statt Nutzen zu ziehen aus einem Spaß, den ich mir erlaubt habe, die Albernheit besaß, sich darüber zu ärgern, und mir nun nach dem Leben trachtet.
– Dir?
– Hilf ihm ein wenig auf die Sprünge und sag ihm, wir würden bei ihm Halt machen, falls er uns zufällig ein Bärensteak vorsetzen könne.
– He Monsieur! Herr Gastwirt! schrie mein Freund, bevor ich ihn zurückhalten konnte. Der Gastwirt drehte sich um.
– Mein Kamerad sagt, daß er bei Ihnen essen würde, falls Sie zufällig Bärensteak haben.

Martigny, Ortsansicht
Stahlstich um 1850

Hôtel de la Poste
et grand Maison
Alle Hotels in Martigny,
die diesen Namen tragen,
bestreiten bis heute, etwas mit
dem Bericht von Dumas zu
tun gehabt zu haben.

Ich habe in meinem Leben oft gesehen, wie sich ein Gesicht entstellt, Entstellungen nach Erhalt schrecklicher Nachrichten, bei unerwarteten Vorkommnissen, schweren Verletzungen … Nie sah ich eine physiognomische Entstellung wie die des unglücklichen Postmeisters von Martigny.

– Oh! schrie er und raufte sich die Haare, schon wieder! Noch immer! Kein Reisender kommt vorbei, ohne diesen Witz zu machen!

– Nun, setzte mein Begleiter wieder an, ich habe in den Reiseimpressionen von Monsieur Alexandre Dumas gelesen …

– Die Reiseimpressionen von Monsieur Alexandre Dumas! jammerte der unglückliche Postmeister, gibt es denn immer noch Leute, die ihn lesen?

– Warum sollte man ihn nicht lesen? hatte ich den Mut zu fragen.

– Weil es ein schreckliches Buch ist, voller Lügen. Oh dieser Alexandre Dumas, wird er mir denn nie unter die Augen kommen? Muß ich nach Paris fahren, um ihn umzubringen? Er kommt nicht mehr in die Schweiz? Er wagt es nicht, er weiß, daß ich auf ihn warte, um ihn zu erdrosseln. Ich habe es ihm ausrichten lassen.

Und wild vor Zorn und ganz verzweifelt ging er ins Haus zurück.

Mein Begleiter wurde nachdenklich.

– Woran denkst du? fragte ich ihn.

– Ich frage mich nach dem Grund für den Haß, den dieser Mann auf dich hat.

– Verstehst du nicht?

– Nein.

– Du erinnerst dich doch an das Bärensteak in meinen Reiseimpressionen?

– Aber sicher! Das war das erste, was ich gelesen habe.

– Nun, bei diesem braven Mann war es, wo Monsieur Alexandre Dumas im Jahr 1832 ein Bärensteak aß.

– Und weiter?

– Auch andere haben vom Bärensteak gelesen. Ein Reisender, zwei oder acht Tage später ein zweiter, kam und stellte seinen Wanderstab in die Ecke, warf seinen Hut auf einen Stuhl, schüttelte sich den Staub von den Schultern und sagte zum Hotelier:

– Ah! Ich bin doch richtig hier in Martigny, nicht wahr?

– Ja, Monsieur.

– Im Hotel zur Post?

– Im Hotel zur Post.

– Dann ist es also hier, wo man Bärensteak ißt?

– Ich versteh' nicht ganz.

– Ich sagte, es ist hier, wo man Bärensteak ißt?

Der Hotelier schaute den Gast verwundert an.

– Warum eher hier als anderswo, fragte er.

– Weil Monsieur Dumas das hier gegessen hat.

– Monsieur Dumas?

– Ja, Monsieur Alexandre Dumas. Kennen Sie etwa Alexandre Dumas nicht?

– Nein.

– Nun, wie er in seinen Reiseimpressionen sagt, hat er bei Ihnen Bärensteak gegessen … Aber wenn Sie im Augenblick keins haben, sprechen wir nicht mehr davon, dann ein andermal.

Und am nächsten Tag, am übernächsten, in der folgenden Woche kam ein Reisender vorbei, stellte seine Reisetasche auf den Boden, setzte sich an den erstbesten Tisch, klopfte mit dem Messer ans Glas und schrie:

Monsieur Dumas

– Kellner!

Der Kellner kommt.

– Womit kann ich Ihnen dienen, Monsieur?

– Ein Bärensteak!

– Oh! Ah!

– Marsch, schnell, und zwar englisch!

Der Kellner rührt sich nicht vom Fleck.

– Hast du nicht gehört?

– Doch, ich höre.

– Also, dann bestell endlich mein Steak.

– Ja… Wir haben keins.

– Wie, ihr habt keins?

– Nein.

– Hol mir den Chef.

– Da bin ich, Monsieur, sagt der Hotelier fünf Minuten später.

– Ah, endlich!

– Hätte ich gewußt, daß Monsieur mit mir zu tun haben möchten …

– Ich möchte mit Ihnen zu tun haben, weil Ihr Kellner ein Dummkopf ist.

– Das ist schon möglich, Monsieur.

– Ein unverschämter Lümmel!

– Hatte er die Dreistigkeit, Monsieur den schuldigen Respekt zu versagen?

– Ein Dummkopf, der Ihr Geschäft ruinieren wird.

– Oh! Oh! Jetzt wird es langsam ernst. Wenn Monsieur mir sagen möchte, worüber er sich zu beklagen hat…

– Wie! Ich verlangte ein Bärensteak, und er tat, als würde er nicht verstehen.

– Ah! Ah! Das heißt …

– Haben Sie nun Bär oder haben sie keinen?

– Wenn Monsieur erlauben …

– Haben Sie Bär?

– Nun, Monsieur …

– Bär oder Leben. Haben Sie Bär?

– Nun, nein Monsieur.

– Das hätten Sie auch sofort sagen können, schimpfte der Reisende und nahm seine Tasche.

Und im Hinausgehen:

– Es sieht so aus, als würden Sie M. Dumas bevorzugen. Es scheint mir jedoch, daß ein Handelsreisender in Sachen Wein aus der Bourgogne eines Literaten wohl würdig wäre.

Und der Wirt blieb fassungslos zurück.

– Verstehst du jetzt, mein Lieber. Diese verfluchten Reiseimpressionen wurden gelesen, gedruckt und wieder gedruckt, und es verging kaum ein Tag, an dem nicht irgendein ausgefallener Reisender nach einem Bärensteak fragte. Franzosen und Engländer schienen sich im Hotel einzufinden, einzig um den armen Wirt zur Verzweiflung zu bringen. Ein französischer Hotelier hätte die Gelegenheit beim Schopfe gepackt; er hätte das Schild ausgewechselt; statt *Hotel zur Post* hätte er *Hotel zum Bärensteak* geschrieben. Er hätte sich sämtliche Bären der umliegenden Berge geschnappt, und wenn der Bär ausgegangen wäre, hätte er Rind serviert, Wildschwein, Pferd, ganz gleich, wenn es nur mit einer unbekannten Sauce zubereitet worden wäre. Er hätte ein Vermögen gemacht, hätte nach drei Jahren in Rente gehen und seinen Besitz für hunderttausend Franken verkaufen können, und er hätte meinen Namen gepriesen. Dieser macht auch ein Vermögen, aber viel langsamer, während sein ständiger Zorn seine Gesundheit ruiniert – und er meinen Namen verdammt.

– Was macht dir das aus?

– Es ist nie angenehm, verdammt zu werden, mein Lieber.

– Aber was ist denn nun Wahres an deiner Bärensteakgeschichte?

– Alles und nichts.

– Wie, alles und nichts?

– Drei Tage, bevor ich vorbeikam, hatte ein Mann einem Bären aufgelauert und ihn tödlich verletzt; doch bevor er starb, hatte der Bär den Mann getötet und einen Teil seines Kopfes gefressen. In meiner Eigenschaft als Dramatiker habe ich die Sache etwas gestaltet, das ist alles.

Das ist, lieber Leser, die reine entschleierte Wahrheit über das Bärensteak, das seit zwanzig Jahren soviel Lärm in der Welt verursacht.

Auf dem Nachttisch:
Alexandre Dumas,
Impressions de Voyage.
Mes mémoires

66

In seiner Autobiographie *Fluchtwege* berichtet Graham Greene über den Entstehungsprozeß eines seiner Romane, für den er in Monte Carlo gründliche Recherchen anstellte:

Monte Carlo
Hôtel de Paris

Jetzt war es 1955 und ich hatte gerade den Roman *Der stille Amerikaner* beendet. Der Wunsch zu fliehen war immer noch vorhanden, aber diesmal führte er mich nicht weiter als bis nach Monte Carlo, wo ich ein paar Wochen luxuriös im Hôtel de Paris leben (was als Unkosten von der Steuer absetzbar war), viele Stunden am Casinotisch arbeiten (meine Verluste würden wohl auch einigermaßen absetzbar sein), und etwas schreiben wollte, was sich hoffentlich als eine amüsante, angenehm gefühlvolle Novelle erweisen würde – etwas, das weder Freund noch Feind von mir erwarteten. *Heirate nie in Monte Carlo* sollte die Novelle heißen. Der Ruf, den man erworben hat, ist wie eine Totenmaske. Ich wollte die Maske zertrümmern.

Graham Greene

Hôtel de Paris
Place du Casino
98007 Monte Carlo
Monaco
Tel.: 0033/92.16.30.00
Fax: 0033/93.25.59.17
129 Zimmer, 28 Suiten,
41 Apartments
DZ ab 2.300 FF

Ich befolgte eine strikte Routine – Frühstück im Bett, Arbeit bis elf, eine Stunde in der *cuisine* des Casinos vor dem Essen, eine Siesta, zwei weitere Stunden in der *cuisine*, Abendessen, danach eine Zeit ausdauernder Arbeit in der *Salle Privée* von neun bis Mitternacht. Ein System zu finden, gelang mir nicht, aber ich verlor auch nicht. Am Ende meines Aufenthalts hatte ich vier Pfund gewonnen – ein unrühmlicher Betrag, den ich mich *en plein* zu verlieren beeilte, bevor ich das Flugzeug bestieg. Es waren glückliche Tage.

Glücklichere jedenfalls, als die Tage der hier kreierten Romanhelden, die im gleichen Hotel aus- und eingingen und denen die wachsende Hotelrechnung dieselben Sorgen bereitete wie ihrem Schöpfer zuvor im → Hôtel Grande Bretagne in Athen:

Um den Schein zu wahren, frühstückten wir noch im Hotel, doch wurden wir schon unter den Augen des Fahrstuhlführers nervös. Ich habe Uniformen nie leiden können – sie erinnern mich daran, daß es Menschen gibt, die Befehle erteilen, und andere, die Befehle empfangen –, und jetzt war ich überzeugt, daß jeder Uniformierte wußte, daß wir unsere Rechnung nicht bezahlen konnten. Wir gaben nie den Schlüssel ab, damit wir nicht zum Portier mußten, um ihn zu holen, und da wir alle unsere Reiseschecks schon bei der Ankunft eingetauscht hatten, brauchten wir nicht einmal zur Kasse zu gehen. Cary hatte eine kleine Bar, die Taxi-Bar, am Fuß einer der großen Treppen entdeckt, und dort aßen wir täglich unser stets gleichbleibendes Mittag- und Abendessen. Es hat Jahre gedauert, bis ich wieder Semmeln essen konnte, und noch heute trinke ich nur Tee und nie Kaffee. Als wir nach unserem dritten Mittagessen aus der Bar auf die Straße traten, stießen wir beinahe mit dem zweiten Empfangschef unseres Hotels zusammen. Er verbeugte sich und ging weiter – aber ich wußte, daß unsere Stunde geschlagen hatte.

Auf dem Nachttisch:
Graham Greene,
Heirate nie in Monte Carlo.
Fluchtwege

Ende der dreißiger Jahre, als es in Europa eng wurde für die Antifaschisten, war New York und insbesondere das Bedford ein Zentrum der deutschen Kultur. Unter den ersten Ankömmlingen waren Klaus und Erika Mann, die hier gemeinsam ein Auftragswerk über die deutsche Emigration, *Escape to Life*, verfaßten, eine Art »Who's Who in Exile«.

Im Hotel Bedford, sehr zentral gelegen: in der vergleichsweise stillen vierzigsten Straße, zwischen der geschäftigen Lexington- und der fashionablen Park Avenue, wimmelte es von Schicksalsgenossen, fast wie früher in gewissen Cafés von Zürich und Paris. Erika und ich gehörten zu den Bedford–Habitués. Während wir in unserem »apartement« an *Escape to Life* werkelten, trafen sich die im Buch geschilderten Personen, oder doch manche von ihnen, unten in der Bar zur »cocktail party«.

Wer ist dabei?

Martin Gumpert, Curt Rieß, Billy Wilder, Vicky Baum ... und mit jedem Schiff aus Europa kommen weitere, die sich Schiffskarte und Visum verschaffen konnten.

Der Personenkreis, den wir in *Escape to Life* beschreiben, erweitert sich ständig: Aus Österreich soll Nachschub kommen, neue Opfer, neue Flüchtlinge. Jeder bringt seine schreckliche Geschichte mit.

Hotel Bedford
118 East, 40th Street
USA–New York N.Y. 10015
Tel.: 001/212/697.48.00
Fax: 001/212/697.10.93
135 Zimmer, 65 Suiten
DZ ab 100 Dollar

69

Klaus Mann während
der Arbeit in der
Lobby des Bedford

Heinrich Mann berichtet beim Lunch im Bedford, mit den Eltern, Martin Gumpert, Annemarie Schwarzenbach, von seiner nächtlichen Flucht über die französisch-spanische Grenze. Der steile Bergpfad, den es zu erklimmen galt, war, wie der Erzähler mit sanfter Mißbilligung konstatiert, »eigentlich für Ziegen gedacht, nicht für einen Schriftsteller reiferen Alters. Und überhaupt, wie kommt man dazu? Man ist schließlich kein Verbrecher!«

Aber nun sind sie ja hier – »safe so far« …

Bis der ersehnte Bescheid eintrifft, daß er in der amerikanischen Armee am Krieg gegen die Faschisten teilnehmen kann, bleibt das Bedford Manns ständige Exiladresse, und sein Zimmer wird ihm während der fünf Jahre, die er dort zubringt, manchmal zum »dumpfen Käfig, aus dem es kein Entrinnen gibt.« Immer häufiger ist das Wort »Todeswunsch« die einzige Eintragung in seinem Tagebuch.

Aber am 14. Dezember 1942 heißt es: »Accepted!« Und am 27. Dezember:

Morgen früh habe ich vorm »Grand Central Palace«, Lexington Avenue, anzutreten – als Soldat.

Doch noch im Soldatencamp ist das Bedford gegenwärtig:

Auf dem Nachttisch:
Klaus und Erika Mann,
Escape to Life
Klaus Mann,
Der Wendepunkt

Ziemlich rührend war das Wiedersehen mit einem Liftboy aus dem Bedford–Hotel: Er schlief just in dem Bett über meinem. – Wie der Zufall doch spielt! Da ich ihm in zivilen Tagen generöse Trinkgelder zu geben pflegte, zeigte er sich recht huldvoll und unterwies mich in der Kunst des Stiefelputzens.

»Man wählt ein Hotel weniger seiner Geschichte als des Komforts wegen«, sagte Ernst Jünger. Zumindest beim Chelsea dürfte es genau umgekehrt sein. Der rote Backsteinbau mit den Schmiedeeisengittern auf den Balkonen setzt weniger auf Sterne als auf die Sternstunden der Literatur, die in seinen Gemäuern stattgefunden haben.

Arthur Miller schätzte das Chelsea, lange bevor es zu dem Künstlertreffpunkt der sechziger Jahre wurde. In seinem Lebensbericht hält er einen schonungslosen Rückblick auf die »endlose Chelsea–Party« der Beat–Generation, auf der niemand so recht wußte, was eigentlich gefeiert wurde:

Ich fühlte mich beinahe sofort zu Hause und überließ mich dem Charme des Chelsea und seiner einzigartigen Atmosphäre unaufhaltsamen Zerfalls. Das Hotel gehörte nicht zu Amerika; dort gab es keine Staubsauger, keine Regeln, keinen Geschmack, keine Scham. Krauss und Gross, die beiden Partner [des ungarischen Hotelbesitzers] Bard, führten alle Installationsarbei-

Arthur Miller
und unzählige andere

*Das Chelsea, in dem
T. Williams, Burroughs,
Ginsberg, Sam Shepard,
Nabokov und viele andere
dichteten, komponierten,
tranken und kifften.*

Chelsea Hotel
222 West 23rd Street
USA–N.Y. 10011 **New York**
Tel.: 001/212/243.37.00
Fax: 001/212/243.37.00
251 Zimmer, 15 Suiten
DZ ab 99 Dollar

ten selbst durch, und deshalb floß das heiße Wasser wie in Ungarn aus dem rechten Hahn: wenn ein unvorsichtiger, gutbürgerlicher Amerikaner sich verbrühte, geschah es ihm nur recht.

Das Chelsea war die Bastion des Surrealen, lange bevor sein Geist sich durch den Vietnamkrieg zu radikalen Protesten aufraffte. Frühstück gab es in dem alten »Automat« nahe der Ecke von 23rd Street und Seventh Avenue. Ich stieg vorsichtig über blutverschmierte Betrunkene, die auf dem Gehweg lagen, und aß mein Plunderstückchen in Gesellschaft von Arthur Clarke. Er lebte ein halbes Jahr in Sri Lanka, das er für den Garten dieser Welt hielt, und das andere halbe Jahr im Chelsea, ihrem Komposthaufen, dessen Nährstoffe an die hier lebenden kreativen Typen jedoch keineswegs verschwendet waren. Umgeben von *Bag Ladies*, die sich an einer Tasse Kaffee festhielten, und Nachtschichtarbeitern, deren Augen an den Wettscheinen klebten, vertraute mir Clarke aufgeregt an, daß nach den neuesten Berechnungen die unglaublich ansteigende Kohlendioxydvergiftung der Luft das Ende der Welt bedeute, und zwar sehr viel früher, als angenommen. In dieser Umgebung schien diese Information mehr als einleuchtend.

Das Chelsea mit all seinen Ärgernissen – der uralte Staub in den Vorhängen und Teppichen, die verrosteten Rohre, der leckende Kühlschrank, die Klimaanlage, in die man ständig Wasser füllen mußte – war eine Improvisation, ein heilsamer Zerfall, und erinnerte mich an William Saroyans durch und durch amerikanischen Ausspruch: »Soweit man blickt, kein Fundament.«

Ich beobachtete, wie die neue Zeit, die sechziger Jahre, mit blutunterlaufenen jungen Augen in das Chelsea taumelte. Ich unternahm auch ein paar Versuche, den Tanz um den Maibaum mitzumachen, aber ich konnte mir nicht helfen: Mir erschien das alles selbstherrlich, hemmungslos und überhaupt nicht frei. Dazu gehörten auch die Beats, die wirkten, als probten sie das Gestöhn einer verlorenen Generation während der letzten Tage der Menschheit, denn ehe Vietnam sie ermordete, schien ihren Klagen die Notwendigkeit zu fehlen. Die Drogen empfand ich als reine Zerstörung, nicht als sozialen Protest; es war ein trauriges Vergnügen, mit dem man keinen einzigen Grundstein für die neue Kirche legte, deren Fehlen sie lautstark beklagten. Mit ihren Attacken auf die sexuelle Prüderie erwarben sie sich Achtung; sonst waren sie Teil der Selbstzerstörung, die ich überall sah, nicht zuletzt in mir und meinem Leben. Amerikas uneingestandene Religion war die Selbstzerstörung – sowohl politisch als auch persönlich. Ich suchte während meiner Zeit im Chelsea ein treffendes Paradox, das ein Stück darüber tragfähig machen würde.

*Thomas Wolfe verbrachte
mehrere Jahre seines Lebens und
schrieb die meisten seiner Werke hier.*

*Arthur Miller
vor dem Chelsea*

*Dylan Thomas trank sich in
den fünfziger Jahren im
Zimmer 206 des Chelsea
»mit Methode aus dem Leben«.*

*Jack Kerouac schrieb im
Chelsea auf 40 m Telexpapier
seinen bekanntesten Roman
»Unterwegs«.*

*Leonhard Cohen schrieb für
Janis Joplin »Chelsea Hotel«:
»I remember you well in the
Chelsea Hotel. You were
famous, your heart was a
legend.«*

*Bob Dylan logierte natürlich
auch im Hotel seines Namensgebers
Dylan Thomas.*

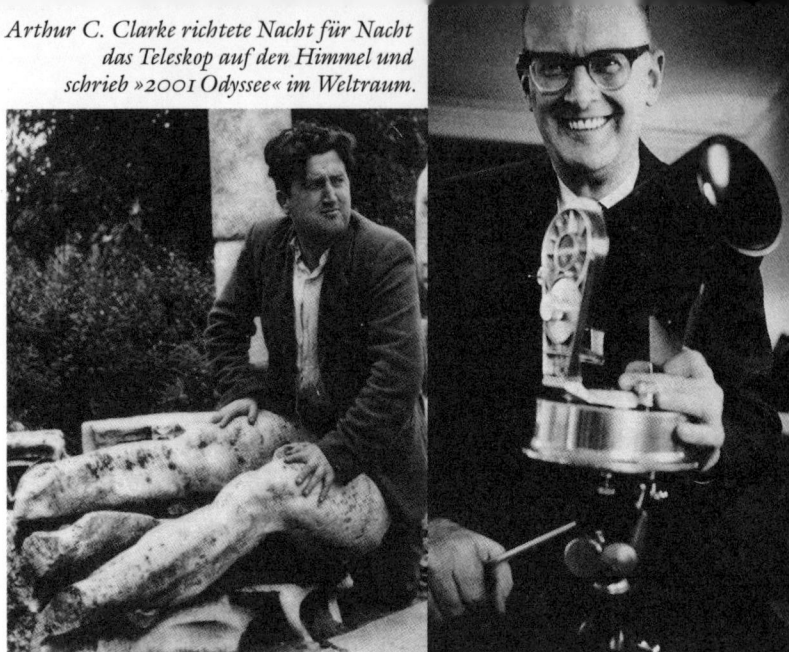

Brendan Behan

Ich dachte nicht nur an Marilyn. Anfang der fünfziger Jahre hatte ich in einem der hohen grauen Zimmer dieses Hotels gesessen und versucht, Dylan Thomas zu verstehen, der sich mit Methode aus dem Leben trank – ein junger Mann, der nach einer Woche Abstinenz kerngesund gewesen wäre. Sehr viel später las ich das Geständnis über seinen Vater, und mir schien, als habe er sich selbst erwürgt, weil er durch seine Kunst berühmt wurde, während sein liebenswerter, sanfter Vater, ein Schriftsteller und Lehrer, ein unbekannter, gescheiterter Mann blieb.

Später kam noch einer, um im Chelsea zu sterben: Brendan Behan, der »Borstal Boy« persönlich. Es ging bereits zu Ende mit ihm, als er mich bat, ihn in dem Zimmer zu besuchen, in dem Katherine Dunham ihn für ein paar Nächte untergebracht hatte, damit er die Woche überstand. Dort saß er: die wirren, feuchten Haare klebten am Kopf, das Gesicht war fleckig, er lispelte durch abgebrochene Zähne, lachte und aß Spiegeleier mit Würstchen, während schwarze Tänzerinnen ein- und ausgingen und nicht wußten, wie sie ihm helfen, ober ob sie es auch nur liebevoll versuchen sollten. Er sagte mit seinem üblichen beklommenen Lachen: »Ich bin eigentlich kein Stückeschreiber, weißt du – natürlich weißt du es – ich bin ein Redner. Ich hab oben ein Zimmer, dort sitzt eine Sekretärin, die mein Verlag auf mich angesetzt hat, und ihr sprech ich ein Buch in die Maschine. Ich hab schon eine ganze Menge gemacht, weil ich hoffe, daß sie mich dafür mal wieder mit Geld überschütten ... Aber ich wollte dir Guten Tag sagen, Art'r.« Guten Tag und Adieu, soviel war klar; er machte sich davon.

Auf dem Nachttisch:
Arthur C. Clarke,
2001 Odyssee im Weltraum
Jack Kerouac, *Unterwegs*
Arthur Miller, *Zeitkurven*
Thomas Wolfe,
Es führt kein Weg zurück

74

Wenn ich jetzt zurückblicke, markiert mein Lunch mit Scott und Zelda im Plaza im Herbst 1922 den Beginn einer neuen Epoche. Es muß im Oktober gewesen sein, denn es war ein frischer Herbsttag.

Im Oktober zeigt sich New York von seiner besten Seite. Die Mädchen sehen hübsch aus in ihren neuen Herbstkostümen. Die Auslagen in den Schaufenstern haben einen modernen Pfiff bekommen. Der Himmel ist sehr blau. Die Wolken sind sehr weiß. Die Fenster der Hochhäuser funkeln im Sonnenschein. Alles sieht betörend aus.

Den größten Teil des Weges durch die Fifth Avenue legte ich zu Fuß zurück. Als ich merkte, daß ich spät dran war, nahm ich einen

New York
Plaza

John Dos Passos
Zelda und
F. Scott Fitzgerald
Truman Capote

Plaza Hotel
5th Avenue, 59th Street
USA–10019 New York
Tel.: 001/212/759.30.00
Fax: 001/212/546.53.24
804 Zimmer, 69 Suiten
DZ ab 170 Dollar

*Zelda und
F. Scott Fitzgerald*

Bus. In den zwanziger Jahren konnte man in den Fifth Avenue-Bussen noch oben im Freien sitzen. Ganz aus der Puste kam ich im Plaza an. Es war ein unangenehmes Gefühl, über die dicken Teppiche in der Halle zu gehen. Die Blumen am Blumenstand sahen aus wie Zehn–Dollar–Scheine mit Golddeckung. Ein Schwall teuer duftenden Parfums kam aus dem Frisiersalon und verursachte mir, während ich zum Fahrstuhl ging, für einen Augenblick eine gelinde Übelkeit: gegen gewisse Parfumsorten war ich wie ein Hund allergisch. Die Knöpfe des Fahrstuhlführers blitzten wie Golddukaten.

Scott empfing mich an der Tür seines Appartements. Nachträglich habe ich mich gefragt, ob die Fitzgeralds wirklich dort wohnten, oder ob sie das Appartement nur für einen Tag gemietet hatten, um ihren Gästen zu imponieren. Scott musterte mich forschend mit seinen blauen Augen und schimpfte, daß ich so spät kam.

Er machte mich gleich mit einem sehr interessant aussehenden Mann bekannt: krauses, angegrautes Haar, merkwürdig weiche Falten im Gesicht. Sherwood Anderson hatte große, umschattete Augen, buschige Brauen und einen weichen Mund. Zur Feier des Anlasses hatte er sich eine bunte Seidenkrawatte umgebunden. Als ich ihm sagte, wie sehr ich seine Werke bewunderte, verzogen sich all die Falten in seinem Gesicht zu einem Lächeln.

Scott und Zelda überschütteten mich mit Fragen. Ihre Taktik bestand darin, einen ins Unrecht zu setzen. Man habe rückständige Ideen. Man sei sexuell gehemmt. Das alles mochte ja durchaus stimmen, aber ich war der Meinung, es gehe niemanden etwas an. Ich wehrte mich, so gut ich konnte, bis Sherwood über seine

*»Oak Room«, eines der
berühmtesten Restaurants
im Plaza*

Arbeit zu sprechen begann und ich Gelegenheit hatte, ihm zuzu-
hören, im Zimmer umherzuspazieren, durch das hohe Fenster in
den Central Park zu blicken, wo die Blätter sich zu verfärben begannen, oder den geschickten alten Kellner und den glitzernden
Lunchtisch zu betrachten.

Bei späteren Gelegenheiten pflegte ich Scott mit seinen törich-
ten Fragen aufzuziehen. Sie erinnerten mich an die Listen »Richtig
oder falsch?«, wie sie die Psychologen aufstellen. Aber auch beim
erstenmal konnte ich ihm und vor allem Zelda nicht böse sein: sie
waren von einer Aura goldener Unschuld umgeben und sahen
beide so hoffnungslos gut aus.

Tennessee Williams

Ich erinnere mich, daß wir Bronx-Cocktails und dann Champagner tranken. Scott hatte Beziehungen zu tüchtigen Alkohol-
schmugglern. Zu essen gab es so etwas wie Hummerkroketten –
Scott hatte in punkto Essen immer die schlimmsten Einfälle –,
aber damals war alles, was man im Plaza aß, gut. Es gab dort die
sahnigste süße Butter und knusprige französische Brötchen.

**Als Dos Passos die beiden – der Prohibition zum Trotz – betrunkenen
und schlechtgelaunten Schriftstellerkollegen nach einem anstrengenden
Tag mit gewisser Erleichterung unter dem vergoldeten Sherman vor dem
Plaza verabschiedete, waren sie wieder ganz die »reizenden goldhaarigen
Kinder«, und er hatte das Gefühl, zwei Freunde gewonnen zu haben.**

**44 Jahre später. Um dem Jahr 1966 mit seinem Erfolg des Romans
Kaltblütig einen krönenden Abschluß zu verschaffen, gab Truman Capote im Plaza »the biggest and goddamned party«, zu der er nur seine
engsten sechshundert Freunde einlud. Mit dem Schwarz-Weiß-Masken-
ball im »schönsten Ballsaal der Stadt« versorgte Capote die New Yorker
Presse für Wochen mit einem Thema.**

**Mit Erscheinen der ersten Auszüge seines Romans *Erhörte Gebete*
in den siebziger Jahren schrumpfte dieser Freundeskreis allerdings erheblich, denn viele erkannten sich auf unrühmliche Weise wieder in dem
Buch. So will die New Yorker Szene zum Beispiel den Dramatiker Wallace, der einen Callboy auf sein Zimmer im Plaza bestellt, als Tennessee
Williams identifiziert haben.**

Truman Capote bei der
»goddamned party«

Ich rief Mr. Wallace über eines der stilvollen goldenen Hausteile-
fone aus der Lobby des Plaza an. Lärm knallte gegen mein Trom-
melfell – das Poltern eines Telefonhörers, gefolgt von Höllen-
hundbellen. »Heh, heh, ist man bloß mein Hund«, erklärte
eine whisky-rauhe Stimme. »Jedesmal, wenn's Telefon läutet,
schnappt er sich den Hörer. Sind Sie der Typ vom Service? Dann
kommen Sie rauf.«

Als der Kunde die Tür öffnete, kam sein Hund herausgestürzt
und schleuderte sich gegen mich wie ein hochkarätiger Football-
Verteidiger. Es war eine schwarz-weiß gescheckte englische Bull-
dogge – etwa sechzig Zentimeter groß und rund einen Meter
breit, Gewicht ungefähr ein Zentner. Die Wucht der Attacke na-

Unten:
Der Broadway bei Nacht,
30er Jahre

gelte mich an die Wand; ich brüllte wie am Spieß. Der Höllen-
hundbesitzer lachte: »Keine Angst. Old Bill, der ist bloß zärtlich.«
Und wie! Der geile Bock ritt meinen Schenkel wie ein gedopter
Hengst. »Bill, hör damit auf«, befahl Bills Herr mit gin–sattem
Glucksen. »Also wirklich, Bill. Hör damit auf.« Endlich befestigte
er eine Leine am Halsband des Sex–Monsters und zerrte die Bestie
von mir fort. »Armer Bill. Bin einfach nicht in der Verfassung
gewesen, ihn auszuführen. Zwei Tage lang nicht. Das ist einer der
Gründe, weshalb ich den Service angerufen habe. Als erstes
möchte ich, daß Sie mit Bill in den Park gehen.«

Auf dem Nachttisch:
John Dos Passos,
Die schönen Zeiten.
Jahre mit Freunden und
Fremden
Truman Capote,
Erhörte Gebete

Als ich ihn zum Plaza zurückbrachte und das Foyer der Suite
betrat, landete mein Fuß mitten in einem großen Haufen feuchter
Scheiße, Bills Scheiße, und ich rutschte aus und fiel platt aufs
Gesicht – in einen *zweiten* Scheißhaufen. Ich sagte zu Mr. Wallace
nur: »Ist es Ihnen recht, wenn ich mich dusche?« Er erwiderte:
»Darauf bestehe ich stets.«

»Die größte Tragödin der Leinwand« war sie für ihn, und so ist es kein Wunder, daß Tennessee Williams Greta Garbo wieder zum Filmen bewegen wollte:

Tennessee Williams

I ch glaube, ich bin der Garbo fünfmal begegnet. Eine dieser Begegnungen fand im Dezember 1947 statt, kurz nach der Premiere von *Endstation Sehnsucht* in New York. Ich hatte George Cukor beiläufig erzählt, daß ich ein Drehbuch mit dem Titel *The Pink Bedroom* geschrieben hätte. Cukor war ein intimer Freund der Garbo und sagte: »Ich möchte, daß Sie das Manuskript der Garbo zeigen. Ich werde das für Sie arrangieren.«

Zu meiner Überraschung empfing mich die legendäre Dame allein in ihrem Apartment im Ritz Tower.

Hotel Ritz
465, Park Avenue
USA–10022 New York
Tel: 001/212/755.50.00
Fax: 001/212/223.63.79
134 Suiten
DZ ab 2.500 Dollar
pro Monat

79

Tennessee Williams,
1960

Greta Garbo

Auf dem Nachttisch:
Tennessee Williams,
Memoiren

Wir saßen im Wohnzimmer und tranken Schnaps. Ich hatte bald einen gewaltigen Rausch und begann, ihr die Story von *The Pink Bedroom* zu erzählen. Etwas an ihrer seltsamen, androgynen Schönheit ließ mich meine sonstige Schüchternheit vergessen. Während ich sprach, flüsterte sie immer wieder »wunderbar« und beugte sich mit verzücktem Blick zu mir hinüber. Ich dachte, ›sie macht es, sie wird zum Film zurückkehren!‹ Nach etwa einer Stunde, als ich ihr das Drehbuch erzählt hatte, sagte sie immer noch »wunderbar«. Doch dann seufzte sie und lehnte sich auf dem Sofa zurück. »Ja, es ist wunderbar, aber nicht für mich. Geben Sie es Joan Crawford.«

80

Mitte November 1949 verbrachten die Hemingways auf der Durchreise nach Europa ein paar Tage in New York. Hier, vornehmlich in der Suite des luxuriösen Sherry–Netherlands entstand das Porträt Hemingways, »eine Art Stimmungsbild«, das die Reporterin Lillian Ross für den *New Yorker* verfaßte, indem sie »Papas« Aufenthalt in der Stadt akribisch genau nachzeichnete. Hemingway, zu diesem Zeitpunkt wohl der populärste amerikanische Schriftsteller, hatte das Manuskript von *Über den Fluß und in die Wälder* bei sich, an dem er im Hotel die letzten Striche vornahm.

New York
The Sherry-Netherlands

Ernest Hemingway

Hemingway schrieb sich ins Gästebuch ein und sagte dem Empfangschef, er wünsche keinerlei Verlautbarung über seine Ankunft, keine Besucher, keine Telefonanrufe, außer von Marlene Dietrich. Dann gingen wir hinauf zu der Zimmersuite, die für die Hemingways reserviert war: Wohnzimmer, Schlafzimmer und Anrichte. Hemingway blieb am Eingang stehen und überblickte prüfend das Wohnzimmer. Es war groß, in prunkvollen Farben gehalten, mit imitierten Chippendale-Möbeln ausgestattet und mit einem falschen Kamin, der falsche Kohlen enthielt.

»Bude scheint O. K.« sagte er. »Vermute, sie nennen dies hier das chinesisch-gotische Zimmer.« Er ging hinein und ergriff Besitz von dem Zimmer.

Frau Hemingway ging zu einem Bücherregal hinüber und besah sich den Inhalt. »Sieh mal, Papa«, sagte sie. »Alles Schwindel. Sie haben unechte Rücken, Papa. Es sind gar keine wirklichen Bücher.«

Hemingway legte seine Aktentasche auf eine leuchtendrote Couch und näherte sich dem Bücherregal. Dann las er langsam und

The Sherry-Netherlands
781 Fifth Avenue
USA–10022 New York
Tel.: 001/212/355.28.00
Fax: 001/212/319.43.06
40 Zimmer, 30 Suiten
DZ ab 250 Dollar

mit Betonung die Buchtitel laut vor – *Grundlagen der Wirtschaft, Die Regierung der Vereinigten Staaten, Schweden, Land und Leute* und *Schlaf in Frieden* von Phyllis Bentley. »Ich glaub', wir sind eine Bande, die dem Untergang entgegentreibt«, sagte er und fing an, seinen Schlips aufzumachen.

Nachdem er sich seiner Krawatte und seiner Jacke entledigt hatte, gab er sie seiner Frau, die damit ins Schlafzimmer ging, um auszupacken, wie sie sagte. Er öffnete seinen Kragen und ging ans Telefon. »Muß das Kraut anrufen«, sagte er. Er rief das Plaza–Hotel an und verlangte Frau Dietrich. Sie war ausgegangen, und er ließ ihr sagen, sie möchte zum Abendessen herüberkommen. Dann läutete er den Zimmerkellner an und bestellte Kaviar und zwei Flaschen Perrier-Jouet, brut.

Hemingway ging zurück an das Bücherregal und stand dort regungslos, als ob er sich nicht entscheiden könne, was er mit sich jetzt anfangen solle. Er sah sich noch einmal die Bücherrücken an und sagte: »Schwindel, wie die ganze Stadt.«

Es klopfte an die Tür, und Hemingway erhob sich schnell und öffnete sie. Es war Frau Dietrich. Es gab ein freudiges Wiedersehen. Frau Hemingway kam aus dem Schlafzimmer und begrüßte den Gast mit Begeisterung. Frau Dietrich trat einen Schritt von Hemingway zurück und betrachtete ihn beifällig. »Papa, du siehst wundervoll aus«, sagte sie langsam.

»Du hast mir wirklich gefehlt, Tochter«, sagte Hemingway. Er hob seine Faust vors Gesicht, und seine Schultern zuckten, als er lautlos lachte.

Frau Dietrich trug einen Nerzmantel. Sie seufzte tief, legte den Mantel ab und gab ihn Frau Hemingway. Dann seufzte sie noch einmal und setzte sich in einen überbequem gepolsterten Sessel. Hemingway füllte ein Glas mit Champagner, brachte es ihr und füllte die anderen Gläser noch einmal.

»Das Kraut ist das beste, was je in den Ring kam«, sagte er, als er mir das Glas reichte. Dann zog er seinen Stuhl dicht an Frau Dietrichs Sessel heran, und sie tauschten Glossen aus über ihre Freunde und sich selber.

82

Im Sommer 1928 antwortet Robert Musil auf eine Zeitungs–Umfrage, wie Schriftsteller ihren Sommerurlaub verbringen:

Ötz
Posthotel

Robert Musil

Ich verbringe den Sommer in Ötz. Hauptsächlich auf meinem Zimmer im guten alten Posthotel Kaßl, nebensächlich auf den Bergen. Denn ich muß leider einen zweibändigen Roman zu Ende führen, der im Frühjahr erscheinen soll und *Der Mann ohne Eigenschaften* heißt.

Als Robert Musil 1942 starb, umfaßte der unvollendete Roman rund 2000 Seiten.

Auf dem Nachttisch
(bei längerem Aufenthalt):

Robert Musil,
Der Mann ohne Eigenschaften

Posthotel

Hauptstraße 70
A–6433 Ötz
Tel.: 0043/5252/6303
Fax: 0043/5252/2176
49 Zimmer
DZ ab 1140 ös

Das Europa, das Arthur Miller auf seiner dreiwöchigen Reise 1948 kennenlernte, war geprägt von den Spuren des Zweiten Weltkrieges. Auch von dem einst luxuriösen Hotel, in dem er auf Sizilien wohnte, stand nur noch der eine Flügel, der von den amerikanischen Bomben verschont worden war.

Palermo
Grand Hotel et Des Palmes

Arthur Miller

Inzwischen bedeutete Europa für mich ein älterer Hotelportier im Frack mit Stehkragen, einer fleckigen grauen Seidenschleife und eingerissenen Fingernägeln. Die Hotelhalle war umgeben von hohen, verzierten Bogengängen mit dicken Stützpfeilern, die sich für verstohlene Rendezvous und für verschwiegene geschäftliche nicht ganz legale Unterredungen eigneten. Sie endete abrupt an einer riesigen braunen Leinwand, hinter der die Trümmer der eingestürzten anderen Hälfte des Gebäudes lagen.

Von außen waren die Hotelfenster makellos sauber – ein beruhigendes Zeichen von Lebenswillen, aber an der seitlichen Hausmauer türmte sich ein Schuttberg, man sah noch Fetzen der eleganten Tapete und Stuckranken über zugemauerten Türen. Bei jedem Schritt wirbelte trockener Zementstaub auf, und weißer Kalk setzte sich auf die Augenbrauen. In jeder Straße schleppten Männer Kübel voll nassem Zement Leitern hinauf. Sie schienen unter der Last beinahe zusammenzubrechen. Hin und wieder stieg auch ein Kellner mit seiner langen weißen Schürze eine Leiter hinauf und brachte einem Meister dort oben auf einem Tablett Kaffee und Brot.

Gegenüber:
Auf dem Markt
von Palermo

Grand Hotel et Des Palmes
Via Roma 398
I–90100 Palermo
Tel.: 0039/91/58.39.33
Fax: 0039/91/33.15.45
187 Zimmer, 5 Suiten
DZ ab 200.000 Lire

Arthur Miller,
Ende der 40er Jahre

Als sein Reisebegleiter feststellte, daß im selben Hotel der »Mafiaboss, brutale Killer, Chef der Prostitution, der Spielhöllen und anderer ähnlicher Mafiaorganisationen« Lucky Luciano wohnte, erhielt der Aufenthalt im delle Palme unfreiwillige Spannung:

»Dreh dich nicht um. Weißt du, wer hinter dir sitzt?«
    »Mussolini.«
    »Mach keinen Scheiß. Es ist ernst.«
    »König Victor Emmanuel. Balzac. Louis B. Mayer.«
    »Lucky Luciano.«
Wir verlangten den Zimmerschlüssel, als Luciano seinen gerade ausgehändigt bekam. »Ihr seid im Zimmer neben mir!« sagte Luciano und sah mir in die Augen. Ich konnte es nur bestätigen; ja, die Schlüsselnummern wiesen darauf hin, daß unsere Zimmer nebeneinander lagen. Wir wollten eigentlich nicht nach oben, aber trotzdem stieg ich vor Luciano in den Fahrstuhl, anstatt hinter ihm, wie ich als der Jüngere es angeboten hatte. Er lehnte mit dem Rücken an der Fahrstuhlwand, und wir schwiegen, bis wir unser Stockwerk erreicht hatten. Vor unserem Zimmer verabschiedeten wir uns mit einem Kopfnicken von ihm, da uns nichts einfiel, was wir hätten sagen können.

Es war nicht ganz klar, wer nun wen mehr verdächtigte, den andern umlegen zu wollen, denn schließlich hätten Miller und sein Begleiter vom FBI sein können oder Mafiosi mit dem Auftrag, ihm eine Kugel zu verpassen. Luciano ließ die beiden nicht mehr aus den Augen. Die Insel konnte Miller nur noch durch die Glasscheiben von Lucianos Wagen besichtigen, den er ihnen samt Fahrer freundlich aufgedrängt hatte. Dafür erfuhr er, wie angenehm das Leben eines Mafioso auf Sizilien sein konnte. Wollte man – in einer Zeit, in der es offiziell kein Benzin zu kaufen gab – tanken, brauchte man nur vor irgendeine Tankstelle zu fahren und zu warten:

Eine Weile rührte sich nichts, aber es dauerte nicht lange, bis ein Mann erschien, der wortlos den Schlauch in den Tank steckte, Benzin pumpte, den Deckel wieder schloß und im Laden verschwand, ohne daß er auch nur eine einzige Lira erhalten oder ein Wort mit uns gewechselt hätte.

Auf dem Nachttisch:
Arthur Miller,
Zeitkurven

Wer dem »abgeblätterten Traumpalast« mitten im Quartier Latin den Namen gab, ist nicht mehr auszumachen, doch sie tröpfelten nach und nach fast alle ein, die Vertreter der Beat-Generation, die sich vorgenommen hatten, den »Jungs von der Shakespeare-Schwadron das Leben sauer zu machen.« Der Maler Brion Gysin war der erste, 1957 holte er Allen Ginsberg, dann kamen William Burroughs, Harold Norse, Gregory Corso, jeder auf Empfehlung, denn Madame Rachou führte ein strenges Regiment und suchte sich ihre Gäste sorgfältig aus, zeigte sich aber nachsichtig, wenn einer seine monatliche Miete von 30 Dollar mit Verzögerung entrichtete.

Während der Duft von Kannabis durch die Schlüssellöcher kroch, wurden in den Zimmern nach der Cutup-Methode Druckerzeugnisse aller Art zerschnipselt und zu Romanen (*The Soft Machine, The Ticket That Exploded, Nova Express*) wieder zusammengefügt. Mit der »Dreammachine« begab man sich auf den Trip ohne Chemie. »Es war eine hektische, spannungsgeladene Zeit, 1959 in Paris, im Beat Hotel in der rue Gît le Cœur Nr. 9«, erinnert sich Burroughs in *Western Land*. »Wir dachten alle, wir wären interplanetarische Agenten in einem Kampf auf Leben und Tod. Schlachten … Geheimcodes … Hinterhalte. Es schien damals sehr real. Von heute aus gesehen – wer weiß? Wir hatten die Zusage, daß wir aus der Gegend evakuiert werden, aus der Zeit in den Raum.«

1963 war der Spuk vorbei, Madame Rachou mußte aufgeben, und Harold Norse hielt einen Abgesang auf die Herberge und ihre Wirtin:

U und dann ist alles zu Ende. Ein Traum. Fini. Das Hotel hat den Besitzer gewechselt. Handwerker hämmern & tapezieren. Im Foyer häufen sich Zementsäcke und Geräte. Eine dicke Schicht Gipsstaub liegt auf der alten spiralförmigen Treppe. Keine nächtelangen Jam Sessions mehr, unter Decken, die einem jeden Augenblick auf den Kopf fallen konnten; keine vergammelten Typen in Schlafsäcken auf dem Fußboden, 8 oder 9 in einer Bude. Das alte Café im Erdgeschoß ist »Fermé pour Travaux«. Die Flaschen auf den Regalen sind verschwunden. Die Espresso Maschine ist kalt. Kein wäßriger Kaffee mehr. Niemand mehr da … nur der neue Propriétaire, ein schnurrbärtiger Geschäftsmann … und so eine vertrocknete Tante mit finsterem Gesicht, die bereits wissen ließ, daß sie diese schlampigen langmähnigen Ausländer mit hasch-braunen Bärten und diese Schicksen in Blue Jeans und Army Surplus Parkas nicht ausstehen kann.

Letzten September bezog ich Zimmer 9 in der Rue Gît le Cœur Nr. 9, am 9. Tag des 9. Monats, genau 9 Jahre seit ich Amerika verlassen hatte, und – nach meinem Horoskop – am Ende eines »9jährigen Zyklus«. In der Kabbala ist 9 die Zahl der Eingeweihten & Propheten. Ich schreibe dies an dem Tisch, unter dem die Fledermaus hängt.

Bis letzten Monat, als unsere blauhaarige Mutter schließlich das Handtuch warf und ihr Hotel nach 32 Jahren aufgab, war das Café jede Nacht bis halb elf geöffnet. Durch einen separaten Eingang konnten die Gäste und ihre Freunde kommen & gehen, wie es

Paris
Beat Hotel
(Le Relais-Hôtel du
Vieux Paris)

William S. Burroughs
Gregory Corso
Allen Ginsberg
Harold Norse

Le Relais-Hôtel
du Vieux Paris
9 rue Gît le Cœur
F–75006 Paris
Tel.: 0033/1/43.54.41.66
Fax: 0033/1/43.26.00.15
15 Zimmer, 5 Suiten
DZ ab 900 FF

Burroughs 1959 und dreißig Jahre später im ehemaligen »Beat Hotel«. Die Metallkörbe an der Wand schenkte ihm Brion Gysin für seine Cutup-Experimente.

ihnen beliebte. Für den Fall, daß einmal eine Treppenstufe ein Knarren von sich gab, das auf einen unbefugten Eindringling schließen ließ, hatte Madame Rachou einen speziellen Radar. Wie aus dem Nichts tauchte sie auf, im weißen Nachtgewand und mit steinernem Gesicht, eine geisterhafte Erscheinung, und stellte »mit unbeugsamer Autorität« – wie William Burroughs sich ausdrückte – den Betreffenden zur Rede: »Monsieur? Was suchen Sie hier?« Ihr Auftreten und ihre tote brüchige Stimme waren genug, um Störenfriede, kriminelle Typen *und* Bullen in Schach zu halten.

Ein junger *flic*, der auf der gegenüberliegenden Seite Posten stand (er bewachte das Haus eines ehemaligen Polizeipräfekten, der auf der schwarzen Liste der OAS stand und täglich mit einer Plastikbombe rechnen mußte), folgte einmal einer sexy gebauten Amerikanerin ins Hotel und sah sich vor der Zimmertür des Mädchens plötzlich Madame Rachou gegenüber. Die alte Dame schiß ihn zusammen, daß er auf dem Zahnfleisch wieder hinauskroch. Wenn es sein mußte, konnte sie gefährlicher sein als die ganze OAS.

Niemand wußte, wie sie es anstellte, mitten im Schlaf Gefahrensignale zu orten. Fest stand, daß sie auf einer ziemlich ungewöhnlichen Frequenz operierte.

Sie nahm am Leben und an den Problemen jedes ihrer Gäste persönlichen Anteil. Obwohl sie keine Bücher las und noch nie eine Kunstgalerie von innen gesehen hatte, gehörten Künstler immer zu ihren engsten Bekannten, und erst kürzlich hörte ich sie fragen: »Übrigens, der junge Herr Pissarro, was macht der jetzt?« Früher arbeitete sie in einem Restaurant, in das Monet jeden Mittag zum Essen kam.

Auf dem Nachttisch:
Harald Norse,
Beat Hotel
William Burroughs,
Western Lands
The Soft Machine…
Gregory Corso,
Bomb

Nach bestandener Doktorprüfung im Jahr 1904 gönnt sich Stefan Zweig die Stadt, die »begnadet gewesen, jeden, der ihr nahte, glücklich zu machen.« Auf der Suche nach einem geeigneten Arbeitsquartier gelangt er ins bescheidene Hôtel de Beaujolais, das direkt über den Arkaden des pompösen Palais Royal lag, den Richelieu für Ludwig XIII. erbauen ließ. Neben der Stille seines »romantischen Studierzimmers im innersten Bannkreis der lebendigsten Stadt der Welt« genießt er die historische Bedeutung des Ortes. Gegenüber sollen Victor Hugo und Balzac die hundert engen Stufen bis zur Mansarde der von Zweig verehrten und später übersetzten Dichterin Marceline Desbordes-Valmore emporgestiegen sein, und »marmorn leuchtete die Stelle«, wo Camille Desmoulins das Volk zum Sturm auf die Bastille aufgerufen hat.

Durch einen Diebstahl aber finden die »bezaubernden« Tage an historischer Stätte ein vorzeitiges Ende.

Paris
Hôtel de Beaujolais

Stefan Zweig

A ls ich am Dienstagmorgen, in mein Hotelzimmer zurückkehrend, mich umkleiden wollte, fand ich meinen Koffer nicht, der friedlich alle diese Monate in der Ecke gestanden hatte. Ich ging hinunter zum Besitzer des kleinen Hotels, der tagsüber abwechselnd mit seiner Frau in der winzigen Portierloge saß, ein kleiner, feister, rotwangiger Marseiller, mit dem ich oft heiter gespaßt und sogar manchmal im gegenüberliegenden Café Trick-Track, sein Lieblingsspiel, gespielt hatte. Er wurde sofort furchtbar aufgeregt und schrie erbittert, während er mit der Faust auf den Tisch hieb, die geheimnisvollen Worte: »Also doch!«

existiert nicht mehr

Stefan Zweig

Noch indes er sich – er hatte wie immer in Hemdsärmeln gesessen – hastig den Rock anzog und Schuhe statt seiner bequemen Pantoffeln, erklärte er mir die Sachlage, und vielleicht ist es nötig, zuerst an eine Sonderheit der Pariser Häuser und Hotels zu erinnern, um sie verständlich zu machen. In Paris haben die kleineren Hotels und auch die meisten Privathäuser keine Hausschlüssel, sondern der ›concierge‹, der Hausmeister, schließt, sobald von außen geläutet wird, die Tür automatisch von der Portiersloge auf. In den kleineren Hotels und Häusern bleibt nun der Besitzer oder der Concierge nicht die ganze Nacht in seiner Portiersloge, sondern öffnet von seinem Ehebette aus durch den Druck auf einen Knopf – meist im Halbschlaf – die Haustür; wer das Haus verläßt, hat ›le cordon, s'il vous plaît‹ zu rufen und ebenso jeder, der von außen hereingelassen wird, seinen Namen zu nennen, so daß sich theoretisch kein Fremder nachts in die Häuser einschleichen kann. – Um zwei Uhr morgens hatte nun in meinem Hotel die Glocke von außen geläutet, jemand eintretend einen Namen genannt, der dem eines Hotelbewohners ähnlich schien und einen der noch in der Portiersloge hängenden Zimmerschlüssel abgenommen. Eigentlich wäre es Pflicht des Cerberus gewesen, durch die Glasscheibe die Identität des späten Besuchers zu verifizieren, aber offenbar war er zu schläfrig gewesen. Als aber dann nach einer Stunde wiederum, nun von innen, jemand ›Cordon, s'il vous plaît‹ gerufen habe, um das Haus zu verlassen, sei es ihm doch, nachdem er schon die Haustür geöffnet hatte, merkwürdig vorgekommen, daß jemand nach zwei Uhr morgens noch aus dem Hause gehe. Er sei aufgestanden und habe auf die Gasse nachblickend festgestellt, daß jemand mit einem Koffer das Haus verlassen habe und sei sofort in Schlafrock und Pantoffeln dem verdächtigen Manne nachgefolgt. Sobald er aber gesehen, daß jener sich um die Ecke in ein kleines Hotel Rue des Petits Champs begab, habe er natürlich nicht an einen Dieb oder Einbrecher gedacht und sich friedlich wieder ins Bett gelegt.

Der Dieb wurde gefaßt, und als er mit »niedergeschlagenen Augen, leise zitternd, als ob ihn fröre, vor dem Polizeigewaltigen stand«, erweckte er das Mitleid des Dichters. Zweig verzichtete darauf, Klage zu erheben, und erntete dafür sowohl einen »unbeschreiblichen Blick der Dankbarkeit« als auch den Zorn des Hauswirtes. Und als er die Sache als beendet betrachtete und nach dem Koffer greifen wollte, »geschah etwas Merkwürdiges«:

Hastig näherte sich mir der Dieb in demütiger Weise. »Oh non, Monsieur«, sagte er. »Ich trage ihn schon zu Ihnen nach Hause.« Und so marschierte ich, während hinter mir der dankbare Dieb den Koffer trug, wieder die vier Straßen zu meinem Hotel zurück.

Hatte sich derart für den Dieb sowie für die hohe Polizei die Episode erfreulich gestaltet, so doch keineswegs für mich. Denn von dieser Stunde an tat mein früher so jovialer Hauswirt alles, um mir den weiteren Aufenthalt im Hotel zu verleiden. Ich kam die Treppe hinab und grüßte höflich seine Frau in der Portiersloge; sie antwortete mir nicht und wandte das biedere Bürgerinnenhaupt beleidigt ab. Der Valet räumte mein Zimmer nicht mehr richtig auf, Briefe verloren sich auf rätselhafte Weise. Selbst in den nachbarlichen Geschäften und im Bureau de Tabac, wo ich wegen meines reichlichen Konsums an Rauchwaren sonst als rechter ›copain‹ begrüßt wurde, begegneten mir mit einemmal frostige Gesichter. Geschlossen stand die beleidigte kleinbürgerliche Moral nicht nur des Hauses, sondern der ganzen Gasse, ja sogar des Arrondissements gegen mich, weil ich dem Dieb ›geholfen‹ hatte. Und mir blieb schließlich nichts anderes übrig, als mit dem geretteten Koffer auszuziehen und das behagliche Hotel so schmählich zu verlassen, als ob ich selbst der Verbrecher gewesen.

»Von den Ausländern müssen wir die schönsten Stellen unserer eigenen Stadt uns zeigen lassen«, kommentierte André Gide das Hotelzimmer seines Freundes Stefan Zweig.

Lesen Sie weiter:
Stefan Zweig,
*Die Welt von gestern.
Erinnerungen eines Europäers*

D as Zimmer war wie das Café nicht neu. Es war angenehm, freundlich, rührend unvollkommen. Es war nicht neu. Die Bettdecke war nicht neu, der Teppich war nicht neu, der Leuchter war nicht neu, die Farben waren nicht neu. Aber dieses Zimmer, das ein Amerikaner nicht schön gefunden hätte, strahlte auf geheimnisvolle Weise. Ich konnte nicht herausfinden, woran es lag.

Ich legte mich für ein paar Augenblicke auf das Bett und blickte zum Kristalleuchter empor. Ich spürte genau, dieser Raum war nicht leer, wie die meisten Zimmer in amerikanischen Hotels neu und leer zu sein scheinen, als würden sie nie von jemandem bewohnt, makellos, neu und jungfräulich. In amerikanischen Hotelzimmern findet man keine Spuren anderer Hotelgäste. Hier dagegen strömten die sanfte, zartgelbe Tapete, der leicht verblaßte Teppich, die schweren Samtportieren, das Telefon und die Klingeln Leben aus, das Leben vieler. Ich hatte das Gefühl, eine Droge genommen zu haben. Das Zimmer war erfüllt von erotischer Brillanz und vergangenen Gästen. Namen kamen auf meine Lippen: Nijinsky, Diaghilev, Madame Dubarry, Ninon de Lenclos, Marcel Proust, Jean Giraudoux, Colette. Liebende, Aristokraten, Generale, Männer von Welt, wer immer sie waren, sie hatten gelebt. Worte waren gewechselt worden, ausdrucksvoll, deutlich, beredt, Gefühle waren gezeigt worden, Gesten waren gemacht worden, es war mit Esprit und Phantasie geliebt worden, Wein war getrunken worden, Träume gewiegt, und die Wärme ging von Körpern und von delikaten Soupés aus. Das Leben von Paris überflutete diesen Raum wie eine erlesene Trunkenheit; ohne Dampfheizung, elek-

Paris
Hôtel de Crillon

Anaïs Nin

Gegenüber:
am Montmartre

Hôtel de Crillon
10, Place de la Concorde
F-75008 Paris
Tel.: 0033/1/42.65.24.24
Fax: 0033/1/44.71.15.02
118 Zimmer, 45 Suiten
DZ ab 3.100 FF

93

Anaïs Nin

trische Geräte oder irgend etwas außer Menschen, die so reich gelebt hatten, daß die Vergangenheit nicht entfliehen konnte. Wie der Duft von Parfum blieben sie in den Räumen, in denen sie gelebt, geliebt, sich erfreut und in denen sie körperliche, leidenschaftliche Spuren hinterlassen hatten.

War Anaïs Nin durch die Hotelzimmer mit ihrer Geschichte fasziniert, so übte das Haus auf Jean Hugo schon von außen eine magische Wirkung aus. Er berichtet von einem Morgenspaziergang im Jahr 1940:

Ich sah von weitem an einem Fenster des Hotels Crillon den Etagendiener in seinem schönen schwarzen Samtgilet mit Goldknöpfen, der ein Zimmermädchen um die Taille hielt und ihr den Himmel zeigte. Sie schienen so glücklich, daß dieses Bild mir half, den Lärm der Schreibmaschinen an diesem Tag zu ertragen.

Auch etliche fiktive Gestalten sind im Crillon ein- und ausgegangen. In Hemingways *Fiesta* zum Beispiel wartet der Erzähler in seinem Zimmer im Crillon auf seine Verehrte:

Um fünf Uhr wartete ich im Hôtel Crillon auf Brett. Sie war noch nicht da, also setzte ich mich hin und schrieb ein paar Briefe. Es waren keine sehr geistvollen Briefe, aber ich hoffte, daß das Crillon-Briefpapier alles wettmachen würde. Brett erschien nicht; ungefähr um Viertel vor sechs ging ich in die Bar und trank einen Jack Rose mit Georges, dem Mixer. Brett war auch nicht in der Bar gewesen. Als ich hinausging, sah ich mich noch oben nach ihr um ...

Auf dem Nachttisch:
Ernest Hemingway,
Fiesta
Anaïs Nin,
Tagebücher, Band 5

Im Hôtel de l'Elysée im August 1920 war es, daß der 38jährige James Joyce, inzwischen durch seine schriftstellerischen Leistungen ebenso bekannt wie durch seine Klagebriefe, mit denen er Freunde und Bekannte um Geld und abgetragene Kleidung bat, von seiner Unart kuriert wurde. Selbst der unermüdliche Gönner und Förderer Ezra Pound wurde der Klagen überdrüssig und wollte ein Exempel statuieren. Um einen weiteren seiner Schützlinge, T. S. Eliot, mit Joyce bekanntzumachen, gab er ihm auf seiner Reise von London nach Paris ein Empfehlungsschreiben in Form eines klobigen Pakets mit. Joyce erschien zum vereinbarten Zeitpunkt mit seinem Sohn Giorgio im Elysée. Mit von der Partie war der Schriftsteller und Maler Windham Lewis, der überrascht war, statt eines ärmlich gekleideten Dichters in den berüchtigten Segeltuchschuhen eine »Merkwürdigkeit in Lacklederschuhen, riesigen, starken Brillengläsern und einem kleinen rötlichgelben Bart« anzutreffen. Er berichtet:

Paris
Hôtel de l'Elysée

James Joyce

D ann setzten wir uns alle. Doch nur für einen Augenblick. Joyce lehnte sich in den harten Stuhl, den er von hinten herangezogen hatte, zurück, kreuzte die Beine, legte das obere Bein waagrecht auf das stützende untere wie ein künstliches Glied, den einen Arm nach hinten über die Kopflehne des prächtigen Stuhls geschwungen. Nachlässig ließ er seinen Strohhut, einen vorschriftsmäßigen »Boater« [steifer Strohhut], baumeln. Wir saßen an gegenüberliegenden Tischseiten, die Besucher und wir, und auf dem Tisch lag das rätselhafte Paket.

Nun erhob sich Eliot. Er näherte sich James Joyce und gab ihm mit hochgezogener Augenbraue und einem ausgestreckten Finger bekannt, *das* sei das Paket, auf das er in seinem Telegramm angespielt habe. Es sei ihm in Obhut gegeben worden, und er entledige

Hôtel de l'Elysée
12, rue des Saussaies
F-75008 Paris
Tel.: 0033/1/42.65.29.25
Fax: 0033/1/42.65.64.28
32 Zimmer, DZ ab 600 FF

HÔTEL DE L'ELYSEE
2, rue des Saussaies, 75008 Paris
5.29.25 - Télex 281665 F - Fax (1) 42.65.64.28

T. S. Eliot

sich nun hiermit formell seiner Verpflichtung, es ihm auszuhändigen.

»Ach, ist das das Paket, das Sie erwähnten?« fragte Joyce und überwand die vornehme Zurückhaltung einer gewissen unverhohlenen Müdigkeit in seinem Wesen. Eliot bestätigte, das sei es, und nahm wieder seinen Platz ein ...

Jetzt versuchte James Joyce die kräftigen hausfraulichen Knoten des listigen alten Ezra zu lösen. Nach einer Weile bat er wütend seinen Sohn auf italienisch um sein Taschenmesser. Noch mürrischer teilte ihm sein Sohn mit, er habe kein Taschenmesser. Doch Eliot erhob sich und sagte: »Sie wollen ein Messer? Ich habe, fürchte ich, auch keines!« Schließlich gelang es uns, eine Nagelschere herbeizuschaffen.

Endlich waren die Schnüre zerschnitten. Ein wenig zimperlich packte Joyce die schlampigen Hüllen feuchten britischen Packpapiers aus, in die der herzensgute Amerikaner den Inhalt des Pakets eingewickelt hatte. Und dann, zusammen mit einigen unbeschreiblichen Kleidungsstücken für den Körper – keine Hosen, glaube ich – kam ein noch ziemlich präsentables Paar *alter brauner Schuhe* zum Vorschein und stand nun mitten auf dem bürgerlichen französischen Tisch ... James Joyce rief ganz leise »Oh!«, blickte auf, und wir alle starrten einen Augenblick auf die alten Schuhe. »Oh!« machte ich ihm nach und lachte. Joyce ließ die Schuhe, wo sie waren, zur Schau gestellt als Inhalt der nun zerstörten Umhüllung des Paketes. Er wandte sich ab und setzte sich wieder, das linke Fußgelenk aufs rechte Knie gestützt und das waagrecht herausstehende Bein zuerst pressend, dann freigebend.

Joyce hatte die Lektion verstanden. Er lud seine neuen Bekannten zu einem gediegenen Mahl ein, das er mit einem großzügigen Trinkgeld quittierte, und überbot sich von da an mit Gastfreundschaft. Lewis schreibt:

Wenn wir mit James Joyce in einem Taxi fuhren, sprang er stets vor uns hinaus. Und bevor wir auch nur den Bürgersteig erreicht hatten, war das Fahrgeld bereits bezahlt, und der Chauffeur steckte ein unverhältnismäßig großes Trinkgeld ein. Waren wir in einem Café, so wurden sowohl Bier wie Kaffee, gleichgültig wer bestellt hatte, immer nur von dem bedeutenden Empfänger des Paketes mit den alten Schuhen bezahlt.

Auch war er stets auffallend gut beschuht: Die Nora-Biographie Brenda Maddox machte eine Collection auf von »Tanzpumps, leichten Laufschuhen, Gamaschen, zweifarbigen Sportschuhen, Schnürstiefeletten und Glacélederpumps mit Straßschnallen, gekreuzten Riemchen oder ausgeschnittenem Spann«, das als illustrierte Geschichte der französischen Fußbekleidungsmode zwischen den beiden Weltkriegen dienen könnte.

Kein Wunder, daß das Foyot, in dem 1827 Hegel, 1920 und 1925 Rilke abgestiegen waren, in dem Raymond Radiguet 1923 als 20jähriger starb, Joseph Roths Lieblingsherberge im Pariser Exil war. Der Besitzer betrachtete es als eine Ehre, den berühmten österreichischen Schriftsteller unter seinen Gästen zu haben und ließ den stets von Geldproblemen geplagten Roth zeitweise kostenfrei wohnen und essen. Mit dem »cher Auguste«, dem Nachtportier, der seiner Meinung nach »aufrichtiger als zehn Schriftsteller« war, besprach er seine Vertragsprobleme. Die Rue de Tournon 33 war mehr als die ständige Adresse auf der Flucht: »Ich liebe *mein* quartier latin, *mein* Hotel. Es ist *mein* Hotel.«

1937 wurde das einsturzgefährdete Haus auf Anordnung des Magistrats abgerissen.

Wenn sich seine Vorhersage auch nicht bestätigte, daß er hier seinen Tod finden werde, weil er nach Rilke und Radiguet der dritte hier logierende Schriftsteller war, dessen Name mit einem R beginnt, so wurde die Zerstörung seines Hotels für ihn doch Sinnbild des persönlichen Niedergangs. »Die Symbolik ist allzu billig geworden.« Er bleibt in seinem Zimmer wohnen, als die Möbel bereits abtransportiert waren und schläft auf einer Matratze auf dem Boden. Erst als man beginnt, das Dach abzutragen, gibt er auf. Vom Café gegenüber beobachtet er die Zerstörung:

Gegenüber dem Bistro, in dem ich den ganzen Tag sitze, wird jetzt ein altes Haus abgerissen, ein Hotel, in dem ich sechzehn Jahre gewohnt habe – die Zeit meiner Reisen ausgenommen. Vorgestern abend stand noch eine Mauer da, die rückwärtige, und erwartete ihre letzte Nacht. Die drei anderen Mauern lagen schon, in Schutt verwandelt, auf dem halb umzäunten Platz. Wie merkwürdig klein erscheint mir heute dieser Platz

existiert nicht mehr

Téléph. Hôtel, Danton 57.37   33, Rue de Tournon, PARIS   Tél. Restaurant Danton 57.39

97

Joseph Roth,
Ende der 20er Jahre

im Verhältnis zu dem großen Hotel, das einst auf ihm gestanden hatte! Man müßte glauben, ein leerer Platz sei weiter als ein bebauter. Aber wahrscheinlich kommen mir die sechzehn Jahre, nun sie vergangen sind, so köstlich vor, ja, von Kostbarem erfüllt, daß ich nicht begreifen kann, wie sie auf einem so kargen Platz abrollen konnten. Und, weil das Hotel jetzt ebenso zerschmettert ist wie die Jahre, die ich darin verlebt hatte, zerronnen sind, erscheint mir in der Erinnerung auch das Hotel weit größer, als es gewesen sein mochte. An der einzigen Wand erkannte ich noch die Tapete meines Zimmers, eine himmelblaue, zartgeäderte. Gestern schon zog man ein Gerüst, auf dem zwei Arbeiter standen, vor der Wand hoch. Mit Pickel und Steinhammer schlug man auf die Tapete ein, auf meine Wand; und dann, da sie schon betäubt und brüchig war, banden die Männer Stricke um die Mauer – die Mauer am Schafott. Das Gerüst ging mit den Arbeitern nieder. An beiden Rändern der Mauer hingen die Strickenden herunter. Jeder der beiden Männer zog an je einem Strickende. Und mit Gepolter stürzte die Mauer ein. Eine weiße, dichte Wolke aus Kalk und Mörtel verhüllte das Ganze. Aus ihr traten jetzt weißbestaubt, gewaltigen Müllern ähnlich, die Steine mahlen, die zwei Männer. Sie kamen mir geradewegs entgegen, wie jeden Tag, ein paarmal am Tage. Sie kennen mich, seitdem ich hier sitze. Der Jüngere deutete mit dem Daumen über die Schulter rückwärts und sagte: »Jetzt ist sie weg, Ihre Tapete!« – Ich lud beide ein, mit mir zu trinken, als hätten sie mir eine Wand aufgebaut. Wir scherzten über die Tapete, die Mauern, meine teuren Jahre. Die Arbeiter waren Demolisseure; Niederreißen war ihr Beruf, für Aufbauen kamen sie niemals in Betracht. Und das ist recht so, sagten sie. Jedem sein Beruf und jedem sein Verdienst! Dies ist der König der Demolierer, sagte der Jüngere. Der Ältere lächelte. So heiteren Sinnes waren die Zerstörer; und ich mit ihnen.

Jetzt sitze ich gegenüber dem leeren Platz und höre die Stunden rinnen. Man verliert eine Heimat nach der andern, sage ich mir. Hier sitze ich, am Wanderstab. Die Füße sind wund, das Herz ist müde, die Augen sind trocken. Das Elend hockt sich neben mich, wird immer sanfter und größer, der Schmerz bleibt stehen, wird gewaltig und gütig, der Schrecken schmettert heran und kann nicht mehr schrecken.

Auf dem Nachttisch:
Joseph Roth,
*Rast angesichts der
Zerstörung*

Am 19. Mai 1897 wird Oscar Wilde aus dem Zuchthaus entlassen, am selben Abend verläßt er England für immer. Nach kurzen Aufenthalten in Italien und in der Schweiz mietet ein gebrochener, kranker Mann ein Zimmer im Hôtel d'Alsace. Als die Hotelrechnung beängstigend angewachsen ist, zieht er um und wechselt mehrmals die Unterkunft, bis er schließlich vom Wirt des Hotels Marsollier in der Rue Marsollier auf die Straße gesetzt wird. Jean Dupoirier, der Wirt des Alsace, bei dem Wilde schon tief in der Kreide sitzt, liest ihn auf, geht mit ihm kurzerhand ins Marsollier, um seine Schulden zu zahlen, und gewährt ihm freien Kredit bis zu seinem Tod am 30. November 1900. Wilde: »Ich sterbe, wie ich gelebt habe, über meine Verhältnisse.«

Die Nachfolgerin des großherzigen Hoteliers hatte 47 Jahre später wenig Interesse, dem Haus zu ruhmreicher Unsterblichkeit zu verhelfen. Als Yvan Goll nach dem Krieg mit seiner Frau aus dem amerikanischen Exil nach Paris zurückkehrt, ist er bereits vom Tod gezeichnet. Ihre Wohnung mit den zurückgelassenen Manuskripten und Briefen war von den Nazis geräumt worden, und der Krieg hatte seinen Namen wie den vieler Dichter der Surrealisten- und Dada-Generation unter seinen Trümmern begraben.

Paris
L'Hôtel
früher:
(Hôtel d'Alsace)

Oscar Wilde
Claire und Yvan Goll

L'Hôtel
Guy-Louis-Duboucheron
13, rue de Beaux-Arts
F–75006 Paris
Tel.: 0033/1/43.25.27.22
Fax: 0033/1/43.25.64.81
25 Zimmer, 2 Suiten
DZ ab 1.200 FF

Oscar Wilde, 1892

Claire Goll erzählt die traurige Rückkehr in ihrer Autobiographie *Ich verzeihe keinem:*

Das Paris, das wir im Juni 1947 wiedersahen, hatte mit dem unserer Jugend nichts mehr gemein. Im verwüsteten Europa herrschte bittere Not. Wir brauchten einen ganzen Tag, um nur ein Zimmer zu finden. Schließlich gewährte uns das Glück eines im Hôtel d'Alsace in der Rue des Beaux-Arts. Das Gebäude war seit Oscar Wildes Tod nicht mehr renoviert worden. Die bemalten Tapeten lösten sich von den Wänden, und die Treppe drohte einzubrechen. Im Restaurant liefen die Mäuse unter den Tischen herum.

»Vielleicht soll ich auch so abkratzen wie Oscar Wilde«, sagte Goll. »Dann werde ich wie er sagen können: »Ich sterbe über meine Verhältnisse.«

Eines Tages stellte mir die Inhaberin des Hôtel d'Alsace unsere vierzehn Koffer, die im Speicher gewesen waren, vor die Tür.

»Ich brauche keine zweite Gedenktafel an der Fassade«, sagte sie.

HOTEL D'ALSACE

J. DUPOIRIER
13, Rue des Beaux-Arts, 13

DÉJEUNERS & DINERS · SERVICE A VOLONTÉ
APPARTEMENTS & CHAMBRES MEUBLÉS
SONNERIE ÉLECTRIQUE

M. Melmoth

PARIS le 2 X^{bre} 1900

*Die letzte Rechnung
des d'Alsace
für Monsieur Melmoth
(Deckname von Oscar Wilde)*

*Oscar Wilde in Rom,
1898*

Zeichnungen Yvan Golls
von sich und seiner Frau

Sie hatte es Oscar Wilde nie verziehen, daß er in ihrem Hotel gestorben war, und fürchtete wohl, daß noch ein Dichter in ihrer Bettwäsche den Geist aufgeben könnte.

Zum Glück wies man uns wenigstens eine Unterkunft in der Nähe des Odéon zu, wo der Luftschacht auf das Pissoir eines benachbarten Cafés hinausging. Ich rannte täglich von Tür zu Tür, um ein anderes zu finden, aber alles war vergebliche Mühe. Yvan fühlte sich dem Wahnsinn nahe.

»Ich will nicht mit der Aussicht auf ein Pissoir krepieren!« sagte er.

Ich irrte weiter nach einem Logis durch die Straßen. »Kommen Sie in einer Woche mal wieder vorbei, oder nächsten Monat«, bekam ich überall zu hören.

Ausgepumpt vom vielen Laufen, ging ich eines Tages weinend auf die Rue Bonaparte auf die Concorde zu, als ich eine Männerstimme neben mir hörte:

»Kann ich Ihnen irgendwie helfen?«

Meine Nerven waren am Zerreißen. Ich erzählte ihm alles: unser Exil in Amerika, unsere Rückkehr nach Frankreich, die Krankheit meines Mannes.

»Wenn ich mir einen Rat erlauben darf«, sagte der Fremde, »das Hôtel d'Orsay war zwar bis jetzt von kanadischen Truppen besetzt, aber gerade heute ziehen sie aus. Gehen Sie schnell hin, man wird Sie mit offenen Armen empfangen.«

Im → Hôtel d'Orsay wird Yvan Goll die letzten Lebensjahre bis zu seinem Tod im Jahr 1950 verbringen.

Inzwischen ist der verfehmte Dichter Oscar Wilde in seinem Sterbehotel wieder zu Ehren gekommen. Bei der Restaurierung des Hauses im Jahr 1968, das im Laufe der Geschichte mehrmals Namen und Besitzer gewechselt hatte, wurde das Zimmer Wildes wieder in den Zustand von 1900 versetzt.

Auf dem Nachttisch:
Claire Goll,
Ich verzeihe keinem

Als Orwell 1928 nach Paris kommt, heißt er noch Erich Blair, und der Schriftsteller existiert erst als Traum. Er findet eine Bleibe in einem schäbigen Hotel in der Rue Pot de Fer, über dessen Qualität seine erste Begegnung mit der Wirtin sehr aussagekräftig ist. Sie schrie gerade aus dem Fenster: »Salope! Salope! Wie oft habe ich Ihnen schon gesagt, daß Sie die Wanzen nicht auf der Tapete zerdrücken sollen? Warum können Sie sie nicht wie jeder andere aus dem Fenster werfen? Putain! Salope!«

Der Hunger führt ihn ins edlere Hôtel Lotti, das »riesig und grandios anzusehen war, mit einer klassischen Fassade«, allerdings nicht durch das Hauptportal, sondern den »kleinen, dunklen, rattenlochähnlichen« Dienstboteneingang. »Tief unter der Erde«, in einem »dreckigen, niedrigen Inferno eines Kellerlochs« wird er in einer Temperatur von nahezu 40 Grad Teller waschen. Dabei erfährt er den tieferen Sinn von Hamlets Spruch, »Fluchen wie ein Küchenjunge« – an manchen Tagen wird er 39 mal als »maquereau« beschimpft und hört noch weit Schlimmeres, das aus der englischen Ausgabe seines Berichtes zensiert werden wird –, und stellt Reflexionen an über die Haute Cuisine der zwanziger Jahre:

Zum Beispiel, was die Sauberkeit angeht. Der Schmutz im Hotel X. war, sobald man in die Bediensteten-Bereiche eindrang, mehr als abstoßend. Unsere Cafeteria hatte jahrealten Dreck in allen dunklen Ecken, und der Brotbehälter war überschwemmt mit Kakerlaken. Einmal schlug ich Mario vor, die Viecher zu töten. »Warum denn die armen Tierchen töten?« fragte er vorwurfsvoll. Die anderen lachten, als ich meine Hände waschen wollte, bevor ich an die Butter ging. Und doch: Sauberkeit herrschte dort, wo wir sie als Bestandteil des *boulot* betrachteten. Wir rieben die Tische ab und polierten das Metall regelmäßig, denn es gab Anweisungen, dies zu tun; aber es gab keine Anweisung für uns, wirklich sauber sein zu müssen, und dazu hatten wir

Paris
Hôtel Lotti

George Orwell

Hôtel Lotti
7, rue de Castiglione
F–75001 Paris
Tel.: 0033/1/42.60.37.34
Fax: 0033/1/40.15.93.56
127 Zimmer, 6 Suiten
DZ ab 2.600 FF

George Orwell,
Winter 1945

ohnedies keine Zeit. Wir führten schlicht und ergreifend aus, was man uns auftrug; und da unsere erste Pflicht nun mal war, pünktlich zu sein, sparten wir Zeit, indem wir schmutzig blieben.

In der Küche stand es mit dem Schmutz noch schlimmer. Es ist keine Sprachfigur, sondern eine nüchterne Tatsachenfeststellung, wenn man sagt, ein französischer Koch spucke in die Suppe. Das heißt, er spuckt, wenn er sie nicht selber ißt. Er ist ein Künstler, aber seine Kunst ist nicht die Sauberkeit. Bis zu einem gewissen Grade ist er sogar gerade deshalb schmutzig, weil er Künstler ist, denn Essen, das gut aussehen soll, muß schmutzig behandelt werden. Wenn zum Beispiel ein Steak dem Chefkoch zur Prüfung gebracht wird, dann nimmt er das nicht etwa mit einer Gabel auf. Er nimmt es in die Finger und haut es wieder auf den Teller, läuft mit dem Daumen um den Tellerrand, um die Bratensoße zu kosten, läuft wieder um den Rand und leckt nochmals und tritt dann zurück und schaut das Stück Fleisch dann nachdenklich an wie ein Künstler, der ein Bild beurteilt, und dann drückt er es liebevoll mit seinen dicken, rosigen Fingern an den Platz, wo es hingehört – und das mit Fingern, die schon hundertmal an diesem Morgen abgeleckt worden waren. Wenn er zufrieden ist, nimmt er ein Tuch und wischt seine Fingerabdrücke vom Teller und reicht ihn dann weiter an den Ober. Und der Ober tunkt natürlich nun *seine* Finger in die Soße – seine ungezogenen, schmuddeligen Finger, die er ständig durch sein Pomadehaar streichen läßt. Wer, sagen wir, mehr als zehn Francs für ein Fleischgedeck zahlt, kann in Paris sicher sein, daß sein Mahl genauso befingert wurde. In sehr billigen Restaurants ist es anders; denn dort macht man sich um das Essen solche Sorgen nicht, sondern gabelt es einfach von der Pfanne auf den Teller, ohne irgend etwas anzufassen. Grob gesagt: Je mehr man für sein Essen zahlt, desto mehr Schweiß und Spucke ist mit drin.

Etwa acht Wochen hält Orwell den Dreizehn-Stunden-Tag für 700 Francs im Monat durch, dann wirft er das Geschirrtuch und schreibt sein erstes Buch mit dem Titel: *Erledigt in Paris und London*.
Wer auf der literarischen Spurensuche hofft, die beschriebenen Zustände an Ort und Stelle anzutreffen, wird in dem heutigen Firstclasshotel ziemlich sicher enttäuscht. Inzwischen sind mehr als sechzig Jahre vergangen ...

Auf dem Nachttisch:
George Orwell,
Erledigt in Paris und London

Eine kühne Architektur vereinigte Ende des letzten Jahrhunderts Luxushotel und Bahnhof mitten im Zentrum von Paris. Als das palastartige Hôtel d'Orsay nach dem Krieg Yvan Goll aufnahm, der todkrank aus dem → L'Hotel ausgewiesen wurde, hatte es seine besten Jahre allerdings bereits hinter sich.

Claire Goll berichtet von der letzten Bleibe ihres Mannes:

So bekamen wir für zwei Francs fünfzig pro Tag ein Zimmer mit zwei winzigen Balkons, von denen aus ich ganz Paris vom Eiffelturm bis zum Panthéon sehen konnte. Es gab weder Laken noch Decken noch Kohle, weil die Deutschen alles mitgenommen hatten, aber wir waren restlos glücklich.

Drei Jahre lang haben wir dieses eine Zimmer geteilt.

Das Hôtel d'Orsay gleicht einem riesigen Schiff, das am Seineufer gestrandet ist. Wenn ich durch seine Etagen lief, hatte ich immer das beklemmende Gefühl, mich in dem Labyrinth, das ein

Bahnhof und Hôtel d'Orsay im Jahr der Eröffnung 1900. Der pompöse Jugendstilbau beherbergt heute eines der größten französischen Nationalmuseen.

Heute Musée d'Orsay
67 bis, rue de Lille
F–75343 Paris Cedex 07
Tel.: 0033/1/40.49.48.14
Montags geschlossen

105

verrückter Architekt angelegt hatte, zu verirren. Gewaltige Empfangs- und Gesellschaftssäle gingen in kleinere über und verloren sich in einem Gewirr von Korridoren. Vergoldungen und Stuck hätten einem Fürstenhof Ehre gemacht, und die Badewannen waren groß genug, um ganze Familien darin zu ertränken.

Diese Welt für sich, das verschachteltste Hotel von Europa, barg in seinen Eingeweiden noch eine unsichtbare, aber um so hörbarere Welt. Erstens ließen die Züge auf dem Bahnhof d'Orsay bei jeder Ankunft und Abfahrt die Mauern des ganzen Viertels erzittern. Zweitens, näher als die Lokomotiven, führten die Wasserleitungen ihre eigene Sprache. Wenn man sich die Zähne putzte, weckte man den Liftboy, denn der dünne Wasserstrahl, den man zum Füllen eines Glases brauchte, brachte das kilometerlange Röhrennetz zu wahren Bocksprüngen. Die Tonhöhe des Geratters wechselte musikalisch je nach Uhrzeit, Höhe der Zapfstelle und Kraftaufwand beim Hahnaufdrehen. Die Bidets schallten anders; es kam darauf an, ob man sich vor oder nach der Liebe wusch. Welcher Musikdämon mochte sich in der Kanalisation verstecken? Was bedeuteten die Jammerschreie, die fadenförmige Schwimmer beim Überwinden irgendwelcher Hindernisse ausstießen? Es waren menschliche Stimmen, die aus den Hähnen kamen, unverständliche Worte zwar, aber ganz nah: das Plärren im Wald verirrter Kinder, das Stöhnen einer Wöchnerin, die eine schlechte Nachricht erhält, die Seufzer einer gramgebeugten Witwe ...

Einmal, als ich mich auf die Suche nach diesem unterirdischen Lazarett begab, entdeckte ich in einem Kellerraum fünfzig Standuhren, die sich wahrscheinlich gegenseitig der Unpünktlichkeit beschuldigt und gehaßt hatten, aber nun war Waffenstillstand, und die Zeiger standen seit einigen Jahrzehnten still. In der Nähe der Küchen diente ein Teil des Kellers einer Sippe verwilderter Katzen als Unterschlupf. In einiger Entfernung von diesem Königreich begann die Republik der Mäuse, dann die der Kakerlaken, und endlich öffnete sich eine unterirdische Kathedrale, in der ich geschäftige Küchenjungen um glänzende Kupfertöpfe herumwimmeln sah. Die Angst, nie wieder ans Tageslicht zu finden, packte mich an der Kehle. Der Korridor vor mir mußte mich noch tiefer führen, den Abflüssen zu, von wo meine Stimme nicht einmal mehr das Straßenniveau erreichen würde.

Wie waren so arm, daß wir nur ein einziges Mal in dem schwindelerregenden Jahrhundertwende-Prunk des Restaurants diniert haben: Ein reicher Amerikaner hatte uns dazu eingeladen. Normalerweise aßen wir heimlich im Zimmer mehr oder minder belegte Brote und etwas Obst. Schließlich kann man Salat nicht gut im Bidet waschen, und wohin mit Essig- und Ölständer? Wir hatten nicht einmal genug Geld, um uns ausreichend zu ernähren.

Jeden Abend aßen wir an der Tischkante, und am Morgen verschwand das benutzte Papier mit Orangenschalen und ähnlichem. Wir führten ein verstohlenes Dasein, nur um uns den Magen zu füllen, mit etwas Hackfleischpastete oder Schinken, manchmal kochte ich auch einen lauwarmen Brei, worauf das ganze Schiff alsbald in tiefstes Dunkel tauchte. Die Hotelleitung stieg dann die Treppen herauf, und ich hörte die Hierarchie draußen herumtrampeln und Theorien über die Ursache der häufigen Kurzschlüsse aufstellen. Das Installationsnetz war derart veraltet, daß ein Liftboy auf den Verdacht kam, meine Heizplatte könnte an den Betriebsstörungen schuld sein.

Vom Leben geschult, pflückten wir im Hôtel d'Orsay weiterhin verbotene Früchte: Wäsche waschen, Essen ins Zimmer schmuggeln, Wäsche zum Trocknen aufhängen. Wie kann man einen Menschen unter solchen Umständen sterben lassen? Für meinen leukämischen Dichter wurde das tägliche Brot bis zum Ende unter dem Regenmantel über die Dienstbotentreppe eingeschmuggelt, und Ölsardinen waren eine ganz gewagte Konterbande.

Dabei erduldeten wir in unserem doppelt verschlossenen Zimmer noch letzte Folgen des zerfaserten Ruhms. Die Putzfrau oder der Etagenkellner wollten uns gefällig sein und klopften in den ungelegensten Momenten an unsere Tür.

»Monsieur sind mit der neuen Decke zufrieden?«

Die Tütenmahlzeit verschwand unter dem Tisch.

»Danke, ja, es geht...«

Der Besuch zog sich in die Länge, während uns die Pastete auf den Knien schmolz.

»Alles in Ordnung«, wiederholte Goll abweisend. Er dachte nicht daran, den Broterwerb eines noch Ärmeren zu gefährden, indem er ihn zum Komplizen unseres Elends machte.

Jämmerliches Verbrechen, heimlich essen zu müssen! Verdient ein Leben voller Arbeit nicht wenigstens einen gedeckten Tisch? Aber manchen Poeten verweigert das Leben alles, selbst das Recht, im Warmen zu sitzen, und die Gewißheit, daß es am kommenden Tag auch noch so sein wird! Der einmalige Aufenthalt im Restaurant war für uns nichts als eine Eskapade, von der wir mit einem bitteren Geschmack im Mund zurückkehrten, um weiterhin verborgen wie Jonas im Bauch eines luxuriösen Walfisches zu leben. Bis zur Einlieferung ins Krankenhaus blieb dies Golls Geschick.

Der Bahnhof im Walfischbauch des Hotels. 1962 drehte Orson Welles hier Kafkas »Prozeß«.

Festsaal im schwindelerregenden Jahrhundertwende-Prunk

Im Museumscafé: Claire Goll, *Ich verzeihe keinem*

Nach dem Motto »In Amerika wurde man reich, aber gedacht wird in Europa« setzt Arthur Miller im letzten Kriegsjahr zum ersten Mal über den Atlantik. Er wollte das Land sehen, daß seine Landsleute befreit hatten, und es erschien ihm »wie ein verwundetes Tier, das nie wieder auf die Beine kommt«. Dafür war der Zustand seines Hotels ein sprechendes Beispiel:

Der Concierge im Pont-Royal in der Rue du Bac trug einen Frack, aber die Ärmel waren ausgefranst, und vom Rasieren mit kaltem Wasser hatte er am Kinn kleine Schnitte. Eine hungrig aussehende, billig aufgemachte junge Frau mit schwarzen Spitzenstrümpfen und ausgerissenem Rocksaum durfte zur Verfügung der Gäste die ganze Nacht in der Halle sitzen. Als ich mich ihr näherte, betrachtete sie mich mit der überlegenen Neugier einer Philosophin. Die runden Messingstangen an der Drehtür fehlten ebenso wie viele Wasserhähne und Rohre; die Deutschen hatten sie in den letzten verzweifelten Monaten gestohlen. Der Concierge eilte einmal täglich quer durch Paris und zurück, um seine Kaninchen zu füttern; Kaninchen waren für viele Menschen die Rettung.

Seit wieder bessere Zeiten angebrochen waren für das Pont-Royal – 1961 stellte Miller fest, daß die »goldene Patina der französischen bürgerlichen Eleganz« wieder glänzte, und der Portier mit den ausgefransten Manschetten verschwunden war –, haben unzählige Schriftsteller hier genächtigt, mehr noch in der Bar getrunken.
    Truman Capote bringt den Erzähler aus dem Roman *Erhörte Gebete* im Pont-Royal unter, der einen bösen Blick auf die illustren Stammgäste wirft:

Damals gab's im Pont-Royal eine »ledrige« kleine Kellerbar, die so was wie die Lieblingstränke der Haute-Bohème-Betuchten war.

Hôtel du Pont-Royal
7, rue Montalembert
F–75007 Paris
Tel.: 0033/1/45.44.38.27
Fax: 0033/1/45.44.92.07
78 Zimmer, DZ ab 1300 FF

Der schieläugige, bleiche, pfeifenuckelnde Jean-Paul Sartre und seine altjüngferliche Amüsierdame, die Beauvoir, hockten meist in einer Ecke wie ein verlassenes Bauchrednerpuppenpaar. Oft sah ich dort auch Arthur Koestler, niemals nüchtern – ein aggressiver, abgebrochener Riese, der gern die Fäuste schwang. Und Albert Camus – scharf und scheu zugleich, ein Mann mit kräftigem braunem Haar, vor Leben glänzenden Augen und einem besorgten, gleichsam ständig lauschenden Gesichtsausdruck: ein zugänglicher Mensch. Ich wußte, daß er Lektor bei Gallimard war, und eines Nachmittags stellte ich mich ihm vor als amerikanischer Autor, der ein Buch mit Short Stories veröffentlicht hatte – ob er's wohl lesen würde, um zu prüfen, ob Gallimard vielleicht eine Übersetzung davon herausbringen könnte? Später schickte mir Camus das ihm zugesandte Exemplar zurück, mit einem Begleitschreiben, in dem er sagte, sein Englisch sei zu mangelhaft, als daß er ein Urteil fällen könne, doch finde er, daß ich die Fähigkeit besäße, Charaktere zu erschaffen, Spannungen zu erzeugen. »Allerdings kommen mir diese Stories zu abrupt und zu wenig ausgereift vor. Sollten Sie jedoch noch andere Sachen haben, so würde ich sie gern sehen.« Wenn ich Camus später im Pont Royal begegnete – einmal auch bei einer Gallimard-Gartenparty, wo ich mich ohne Einladung einschmuggelte –, so nickte er mir stets zu und lächelte ermutigend.

Auf dem Nachttisch:
Arthur Miller,
Zeitkurven
Truman Capote,
Erhörte Gebete.
Der unvollendete Roman

Nachdem das Hotel im Jahre 1898 seine Pforten geöffnet hatte, war Marcel Proust einer der ersten Gäste, die in die Goldene Ritzlegende eingingen. Fast täglich kam er aus seiner Wohnung in der Rue Hamelin hierher, was ihm den Namen »Proust vom Ritz« eintrug. Sein Biograph George D. Painter schreibt über diese Zeit:

Paris
Hôtel Ritz

Marcel Proust
F. Scott Fitzgerald
Ernest Hemingway
u. v. a.

D as große Hotel wurde zu seinem zweiten Heim, zum Ersatz für die Paläste von Cabourg, Venedig und Evian, die er nie wiedersehen sollte, und für die Salons des Faubourg, deren Besucher, soweit sie nicht durch den Krieg zerstreut waren, jetzt als wunderliche Gesellschaft um ihn herum dinierten. Im Ritz fand er wieder die Regungen und Rätsel einer Miniatur-Welt, die Behaglichkeit und Sicherheit von Familienleben, die Befriedigung seiner lebenslangen Sehnsucht nach erwiesenem Dienst und entsprechendem Dank. Er schrieb in seinem korkgeschützten Schlafzimmer, aber um zu leben, ging er ins Ritz.

Proust war bekannt für seine großzügigen Trinkgelder. Eines Abends, nachdem er sämtliches Geld verteilt hatte, bemerkte er, daß der Portier leer ausgegangen war, und sagte zu ihm: »Können Sie mir fünfzig Francs leihen?« Und als der Portier ihm das Geld entgegenstreckte: »Behalten Sie es, es war für Sie.« Am nächsten Tag beglich er seine Schuld.

Sein Chauffeur hatte freien Zugang zur Küche, so daß Proust auch mitten in der Nacht nicht auf sein geliebtes Bier vom Ritz verzichten mußte. Noch im Sterbebett soll er ihn nach dem geeisten Ritzbier geschickt haben.

In den Années Folles bevölkerten expatriierte Amerikaner Bar und Zimmer des Ritz. Scott Fitzgerald sorgte für Anekdoten, indem er sich wie ein Schimpanse an Kronleuchtern durch den Saal schwang oder die Orchideen aufaß, die seine angebetete Schöne am Nebentisch verschmäht hatte. Graham Greene rächte sich für die seiner Meinung nach zu trockenen Martinis mit dem Satz: »Im Ritz geht es zu wie in einem

Hôtel Ritz
15, place Vendôme
F–75041 Paris Cedex 01
Tel.: 0033/1/42.60.38.30
Fax: 0033/1/42.60.23.71
142 Zimmer, 45 Suiten
DZ ab 3.350 FF

Käfig verwitweter Papageien.« Nachdem die Börsenkrise in den USA die Mittel vieler Amerikaner erheblich eingeschränkt hatte, wurde es stiller an der Place Vendôme, und Somerset Maugham stellte fest: »Die Ritzbar war verlassen wie ein Dramatiker nach der Premiere eines erfolglosen Stücks.«

Hemingway, für den es nur einen Grund geben konnte, nicht im Ritz zu wohnen (daß man es sich nicht leisten kann), machte die Place Vendôme nach seinen ersten Bucherfolgen zur festen Pariser Adresse:

Wenn ich von einem späteren Leben im Himmel träume, dann spielt sich alles immer im Ritz ab. Ich kippe in der Bar, die nach der Rue Cambon liegt, ein paar Martinis. Dann kommt ein wunderbares Dîner unter einem blühenden Kastanienbaum im sogenannten »Petit Jardin«. Nach ein paar Brandys gehe ich dann hinauf in mein Zimmer und sinke in eines dieser riesigen Ritzbetten, die alle ein Messinggestell haben. Für meinen Kopf habe ich eine Nackenrolle, so groß wie der Zeppelin, und dann hab' ich noch vier viereckige Kopfkissen mit echten Daunen – zwei für mich und zwei für meine himmlische Begleitung.

Hemingway griff sogar zu den Waffen, um sein irdisches Paradies zu verteidigen; jedenfalls behauptete er hartnäckig, er sei *vor* den alliierten Truppen unter General Leclerc in Paris angekommen und habe das Ritz von den Deutschen befreit. Mary, seine vierte Frau, die er kurz zuvor im → Dorchester in London kennengelernt hatte, erzählt *Wie es war,* in Paris nach der Befreiung:

Es mochte noch Heckenschützen geben, aber ich genoß es, daß hier keine fliegenden Bomben fielen.

Als wir zum Ritz kamen, war dort nur noch der diensthabende Nachtportier auf. (Nach Mitternacht ist das Hotel immer wie ein Jungmädchenpensionat geführt worden.) Ich hatte nicht mehr die Kraft, mich in meinem Zimmer *Quatre-vingt-six* einzurichten. Stieg mit Ernest in sein Zimmer im ersten Stock, schlüpfte in meinem Unterzeug in sein Bett und sank sogleich in tiefen Schlaf. Das andere Bett war mit Garand-Gewehren M-I, mit Handgranaten und anderen Metallgegenständen vollgepackt.

Ziemlich früh am nächsten Morgen hörte ich das leise Zischen einer Champagnerflasche, die vorsichtig entkorkt wurde.

»Guten Morgen«, sagte ich. »Vielen Dank für die Schlafstatt. Heute werde ich nach oben ziehen.«

Seit César Ritz am 5. Juni 1898 sein Hotel mit einem großen Gala-Abend im Hauptspeisesaal feierlich eröffnet hatte, erwarteten er und sein Sohn Charles und seine Helfer von ihren Gästen, daß sie sich mit klassischem oder konventionellem Anstand aufführten, und es ist ihnen stets gelungen, den äußeren Schein zu wahren. Herren empfingen keine Damen in ihren Zimmern, sofern sie nicht Suiten bewohnten, und Abweichungen von den Regeln wurden nicht toleriert. Doch Charles Ritz, der derzeitige Besitzer und unser munterer und herzlich lieber Freund, schien nichts zu bemerken, als Ernest, dessen Zimmer übervölkert war von seinen Truppen und einem Waffenlager glich, mit einem Hemd zum Wechseln und zwei Krawatten in die geordneteren Sphären meines Zimmers zog, um sich einige Tage der Ruhe und Erholung zu gönnen. Schließlich hatten wir ja getrennte Zimmer in verschiedenen Stockwerken.

Eines Morgens im September, nachdem ich aufgewacht war und zum Fenster hinausgeblickt hatte in den Tag, der strahlend und still begann, sah ich, daß das andere Bett, in dem Ernest gewöhnlich las und aus einer am Vorabend im Eiskübel heraufgebrachten Flasche Champagner trank, leer war. Ich ging in das große, weißgekachelte Badezimmer mit den beiden Waschbecken, der riesigen Wanne und einem Bidet, groß genug, daß man die Wäsche einer Woche darin hätte waschen können. Ernest saß auf dem Klo, seinen Armeemantel über den Schultern.

»Guten Morgen. Wie geht es dir, mein Hündchen? Ich schreibe das Gedicht für dich weiter«, sagte er und stand auf. Er hatte das Gedicht bei der Army begonnen.

»Ich bin kein Hündchen. Ich bin eine Frau. Hast du das vergessen?«

Ernest Hemingway mit seiner vierten Frau Mary

PARIS, 23. August (afp). Im Rahmen der 50-Jahr-Feiern zur Befreiung von Paris wird am Donnerstag auch die jahrelang geschlossene Hemingway-Bar des Hotels Ritz geöffnet. Zu ihren besonderen Angeboten gehört eine Spezialabfüllung des »Havanna-Club«-Rums, den der Literatur-Nobelpreisträger über alles schätzte. Am 25. August 1944 »befreite« der damals 45jährige Ernest Hemingway seine Stammbar – und bestellte nach dem Handstreich erst einmal eine Runde Martini dry für alle. Er war mit einigen Widerstandskämpfern sofort nach dem Einmarsch der Alliierten zum Ritz gefahren. Mit einer Maschinenpistole in der Hand und in Kriegsberichterstatter-Uniform machte er zwei Gefangene und widmete sich dann ausgiebig den Getränken. Frankfurter Rundschau, 23. 8. 1994

Die Bar des Ritz

Das Gedicht wucherte schon über den ganzen gekachelten Fußboden: es war mit Bleistift auf Toilettenpapier geschrieben.

Wahrscheinlich hatte er dieses Papier gewählt, um nicht
Schreibpapier aus meiner Schreibtischschublade holen zu müssen,
die vielleicht beim Öffnen geknarrt und mich aufgeweckt hätte.
Er respektierte anderer Leute Schlaf.

»Ja, wirklich. Jetzt fällt's mir wieder ein. Du *bist* eine Frau.«

»Und du bist ein Hund«, sagte ich und umarmte seine Brust – so
hoch, daß meine Arme gerade reichten. »Soll ich's für dich
abtippen?«

»Wenn du Zeit hast. Wollen wir frühstücken?« Er klingelte und
bestellte eine weitere Flasche Perrier-Jouet Brut, ferner die Brühe,
die man hier als Kaffee bezeichnete und ein Stück Brot für mich.

Irgend jemand im Büro hatte etwas schmuddeliges rosa
Schreibmaschinenpapier für mich aufgetrieben, und ehe ich zur
Arbeit ging, tippte ich sechs Seiten mit je einem Durchschlag des
»Poem to Mary (Second Poem)«, und ließ die Durchschläge auf
meinem Schreibtisch liegen. »Es ist noch nicht fertig«, hatte Er-
nest im Gehen gesagt. Die zwei letzten Zeilen, die ich an diesem
Die Suite Proust   Morgen abschrieb, lauteten:

Die eigne wahre Liebe, wirf sie fort,
Wenn du den Weg hinaufgehst.

Nein, es sah nicht so aus, als sei es fertig.

Wenn Ernest in Paris war, schrieb unser täglicher Ritus ein oder zwei Drinks vor dem Lunch in der Bar des Ritz auf der Rue-Cambon-Seite des Hotels vor, und wo ich auch immer war, dieses Rendez-vous verfehlte ich gewöhnlich nie. Beim Drink nach dem Morgen, an dem ich das Gedicht abgetippt hatte, an Ernests Lieblingstisch in einer Ecke der Bar, zog er die zusammengefalteten rosa Blätter aus der Tasche und begann, mir das Gedicht vorzulesen.

»Ich glaube, du hast da etwas ausgelassen«, sagte er und unterbrach das Vorlesen.

»Ich glaube nicht, aber vielleicht doch.«

»Nur ein paar Zeilen. Wir können es ja nachprüfen.«

»Nachprüfen?« wiederholte ich und spürte Entsetzen wie einen Gewitterschauer auf mich niedergehen. Ich hatte, wie ich es mit meinen eigenen Notizen tat, sein auf Toilettenpapier geschriebenes Original in den Papierkorb geworfen, nachdem ich es abgetippt hatte. »Lieber Jesus! Ich habe dein unsterbliches Original vergessen«, krächzte ich und stürzte durch den Flur hinaus und rief »*Mademoiselle, mademoiselle!*« Die *femme de chambre* war um die Fünfzig und sehr freundlich, und sie liebte es, obgleich sie Großmutter war, mit Mademoiselle angeredet zu werden. Sie kam aus einem der anderen Zimmer und blickte mich argwöhnisch an.

»Die Papiere, die ich in meinem Papierkorb gelassen habe, *ma corbeille à papiers*«, keuchte ich. Ihr Gesicht erhellte sich.

Privatsalon im Ritz

115

»Natürlich, Mademoiselle. Ich habe sie hinunterbringen lassen.« Sie lächelte. »Machen Sie sich keine Sorgen.« Der Inhalt meines Papierkorbs würde also nicht in die Hände des Feindes oder, schlimmer noch, in die der französischen Sûreté fallen.

»Sind Sie sicher? Können wir die Papiere nicht wiederfinden? Ich stelle gerade fest, daß ich sie noch brauche.«

»Ich habe Ihr Zimmer vor ein paar Stunden saubergemacht«, sagte sie, aber sie rief über das Haustelefon unten an. Das Papier aus dem fünften Stock war bereits verbrannt worden. Falls Ernest über die Vernichtung seines Originalmanuskripts verstimmt war, so ließ er es sich zumindest nicht anmerken.

Bei einem seiner letzten Besuche im Jahr 1958 erinnert ein langjähriger Kellner Hemingway daran, daß seit 1928 zwei Koffer im Keller des Ritz liegen, die er ihm zur Verwahrung anvertraut hatte. Hemingway findet Erinnerungen an seine erste Pariser Zeit, Anregung und Stoff für sein letztes Buch: *Paris, ein Fest fürs Leben.*

Auf dem Nachttisch:
Ernest Hemingway,
Paris, ein Fest fürs Leben
Mary Welsh Hemingway,
Wie es war

M eine Tante hatte im St. James et Albany Zimmer bestellt, in einem altmodischen Doppelhotel, dessen eine Hälfte, das Albany, an der Rue de Rivoli liegt, während die andere, das St. James, der Rue Saint-Honoré zugekehrt ist. Zwischen den beiden Hotels befindet sich ein gemeinsamer kleiner Garten. An der Gartenfront des St. James entdeckte ich eine Plakette, die besagt, daß La Fayette hier entweder irgendeinen Vertrag unterschrieben hat oder eine Feier anläßlich seiner Rückkehr von der amerikanischen Revolution veranstaltete. Unsere Zimmer im Albany hatten Fenster auf die Tuilerien hinaus. Meine Tante hatte eine ganze Zimmerflucht genommen.

Paris
Hôtel St. James et Albany

Graham Greene
Thomas Mann

Die Titelheldin aus Graham Greenes *Reisen mit meiner Tante* stieg in Paris dort ab, wo sie einst »sechs der glücklichsten Monate« ihres Lebens verbrachte. Und das, obwohl ihr damaliger Liebhaber von der ungewöhnlichen Bauweise des 300jährigen Palastes zu profitieren wußte, indem er in der anderen Straße, in der entsprechenden Suite im ersten Stock eine zweite Geliebte unterbrachte. Er bevorzugte das Hotel nicht in erster Linie der Louis XV.-Fassade wegen: »In ganz Paris gibt es kein zweites St. James and Albany«, in allen anderen Hotels »käme der Aufzugsführer dahinter. Die Idylle nahm allerdings im Garten, der die beiden Flügel verbindet, ein Ende.

Für den Titelheld aus Thomas Manns Roman *Bekenntnisse des Hochstaplers Felix Krull* schien das prachtvolle Hotel der richtige Schauplatz für den Anfang einer glänzenden Karriere im Hotelfach:

Es ist die stolze Rue de la Paix, welche den Opernplatz mit der Place Vendôme verbindet, und hier denn, bei der mit einem Stand-

Hôtel St. James et Albany
202, rue de Rivoli
F–75001 Paris
Tel.: 0033/1/42.60.31.60
Fax: 0033/1/44.58.43.11
207 Zimmer, 4 Suiten
DZ ab 900 FF

bild des gewaltigen Kaisers gekrönten Säule, verließ ich den Wagen, um zu Fuß mein eigentliches Ziel, die Straße Saint-Honoré, welche, wie der Gebildete weiß, der Rue de Rivoli gleichläuft, aufzusuchen. Leicht war das geschehen, und deutlich genug, in Buchstaben von hinlänglicher Größe und Leuchtkraft, sprang mir schon von weitem der Name des Hotels Saint James and Albany in die Augen.

Dort gab es Départs und Ankünfte. Herrschaften, im Begriffe, ihre mit Koffern beschwerten Mietgefährte zu besteigen, reichten Hausdienern, welche für sie bemüht gewesen waren, Trinkgelder hin, während andere Handlanger das eben abgeladene Gepäck von Neuankömmlingen ins Innere trugen. Freiwillig rufe ich das Lächeln des Lesers hervor, indem ich eine gewisse Zaghaftigkeit einbekenne, die mich vor der Kühnheit beschleichen wollte, dieses anmaßende und kostspielige Haus in vornehmster Lage zu betreten. Vereinigten sich aber nicht Recht und Pflicht, mir Mut zu machen? War ich nicht bestellt und bestallt dahier, und war mein Pate Schimmelpreester nicht ein Duzbruder des Oberherrn dieses Instituts? Dennoch riet Bescheidenheit mir, statt einer der beiden gläsernen Drehtüren, durch welche die Reisenden eintraten, lieber den seitlichen offenen Zugang zu benutzen, dessen die Gepäckschlepper sich bedienten. Diese aber, wofür immer sie mich halten mochten, wiesen mich als unzugehörig zurück, so daß mir nichts übrigblieb, als mit meinem Köfferchen in einen jener prächtigen Windfänge zu treten, bei dessen Drehung mir zu meiner Beschämung auch noch ein dort postierter Page in rotem Schniepel-Jäckchen behilflich war. »Dieu vous bénisse, mon enfant!« sagte ich, unwillkürlich mit den Worten jenes guten Weibes, zu ihm, – worüber er in ein ebenso herzliches Gelächter ausbrach wie die Kinder, mit denen ich im Zuge gespaßt hatte.

Ein prachtvoller Kronensaal mit Porphyrsäulen und einer in der Höhe des Entresols umlaufenden Galerie nahm mich auf, wo viel Menschheit hin und wider wogte und reisefertig gekleidete Personen, auch Damen mit zitternden Hündchen auf dem Schoß, wartend die tiefen Fauteuils einnahmen, welche auf Teppichen an den Säulen standen. Ein livrierter Bursche wollte mir in unangebrachtem Diensteifer mein Köfferchen aus der Hand nehmen, aber ich litt es nicht, sondern wandte mich nach rechts zu der als solcher leicht erkennbaren Concierge-Loge, wo ein matt und kalt blickender Herr in goldbetreßtem Gehrock und offenbar an hohe Kontributionen gewöhnt in drei oder vier Sprachen dem die Loge umdrängenden Publikum Auskünfte erteilte und zwischenein solchen Gästen des Hotels, die danach verlangten, mit distinguiertem Lächeln ihre Zimmerschlüssel überhändigte. Lange mußte ich

anstehen, bis ich Gelegenheit fand, ihn zu fragen, ob er wohl meinte, daß Herr Generaldirektor Stürzli im Hause sei, und wo allenfalls mir die Möglichkeit winke, mich ihm zu präsentieren.

»Monsieur Stürzli wollen Sie sprechen?« fragte er mit kränkendem Erstaunen. »Und wer sind Sie?«

»Ein neuer Angestellter des Etablissements«, gab ich zur Antwort, »dem Herrn Generaldirektor persönlich aufs beste empfohlen.«

»Étonnant!« erwiderte der dünkelhafte Mann und fügte mit einem Hohn, der mich in tiefster Seele verletzte, hinzu: »Ich zweifle nicht, daß Monsieur Stürzli seit Stunden mit schmerzlicher Ungeduld Ihrem Besuch entgegensieht. Vielleicht bemühen Sie sich einige Schritte weiter zum Bureau de réception.«

»Tausend Dank, monsieur le concierge«, antwortete ich. »Und mögen auch in Zukunft reiche Trinkgelder Ihnen von allen Seiten zufließen, damit Sie bald in der Lage sind, sich ins Privatleben zurückzuziehen!«

»Idiot!« hörte ich ihn mir in den Rücken nachrufen. Allein das betraf und berührte mich nicht. Ich trug mein Stück Handgepäck weiter zur Réception, die sich, in der Tat nur wenige Schritte von der Concierge-Loge entfernt, an derselben Seite der Halle befand.

Auf dem Nachttisch:

Graham Greene,
Die Reisen mit meiner Tante

Thomas Mann,
*Bekenntnisse des
Hochstaplers Felix Krull*

Nach dem symbolträchtigen Abriß seines Pariser Lieblingshotels → Foyot bleibt Joseph Roth in seiner »Republik Tournon«. So nannte er die Straße, die von seinem Hotel zum Palais de Luxembourg führte, und in der sich sein Pariser Exilleben vorwiegend abspielte. Nach kurzem Aufenthalt im Paris-Dinard zieht er ins Hôtel de la Poste, das spätere Hôtel Le Tournon, dessen Café zu einem Mittelpunkt der deutschen und österreichischen Emigranten wurde. Hier schreibt er, bei schönem Wetter auf der Terrasse, bei schlechtem auf der Polsterbank in der linken Ecke des Lokals neben dem Fenster, meist umringt von zahllosen Freunden, seine Pariser Texte. Die Wirtin Germaine Alazard wurde seine Vertraute und Beschützerin. Sie verwahrte seine Manuskripte neben der Kasse, bis er von seinem Mansardenzimmer im zweiten Stock herunterkam, um in der vertraut-fremden Öffentlichkeit weiterzuarbeiten. Sie war es, die ihm Medizin in die vom Pernod geschädigten Augen tröpfelte, und sie sorgte dafür, daß der bereits vom Tod gezeichnete Schriftsteller seinen Alkoholgenuß einschränkte, so daß er manchmal zur Poesie in seinem nicht ganz perfekten Französisch greifen mußte, um sie zu erweichen:

Demande
le soussigné demande votre,
haute bienveillance en espérant
que la grâce de votre cœur
lui sera agrée et que votre
haut ministre repondra
à la demande de
Votre très humble serviteur
Paris, le 25 Juillet 1938

Hôtel Le Tournon
18, rue de Tournon
F–75006 Paris
Tel.: 0033/1/43.26.16.16
DZ ab 2.500 FF pro Monat

Doch auch ihre mit Vehemenz durchgesetzte Prohibition vermag den Verfall nicht aufzuhalten. Im Mai 1939, fünf Wochen nach Beendigung seines »Testaments«, *Die Legende vom heiligen Trinker*, erleidet Roth in dem Café, in dem er zu sterben wünschte, einen Zusammenbruch. Er wird ins Armenhospital Necker gebracht, kurz darauf ist er tot. Sein Freund, der Schriftsteller Hermann Kesten, beschreibt diesen Tod im Roman *Die Zwillinge von Nürnberg*:

Wie er gestorben ist? Wie stirbt ein großer Mann? Er saß beim ersten Frühstück mit Rum und Kaffee, hier an diesem Tisch vor seinem Hotel und las in der Pariser Tageszeitung, daß sein Freund Ernst Toller in einem Neuyorker Hotel sich aufgehängt habe, und rutschte von seinem Stuhl auf die Straße herunter und blieb liegen, bis der Friseur gegenüber ihn sah, und weil er sein Freund war, herübersprang und ihm auf den Stuhl half. Die Wirtin, die trotz ihrer strengen Art und ihrem jungen Gatten den Roth von Herzen gern hatte, rief mich, und wir schafften ihn auf seine Kammer im zweiten Stock des Hotels de la Poste.

Er blieb aber mit dem Hut auf dem Kopf und den Mantel über die Schulter gehängt auf dem einzigen Stuhl in der Stube sitzen. Um keinen Preis wollte er ins Bett. Ich bin ein Soldat, sagte er, der im Stehen stirbt. Er hatte einer österreichischen Emigrantenzeitung einen Artikel über Stifter versprochen. ›Ich muß den Stifter schreiben‹, sagte er. Nach einer Weile erklärte er, es gehe ihm schon besser, und er ließ sich ins Café hinunterführen. Die Wirtin röstete ihm eine Scheibe Weißbrot, er tunkte das Brot in Rotwein, aber es schmeckte ihm nicht. Ihm war kalt, und ich ging auf sein Zimmer, seinen Mantel zu holen, und als ich wiederkam, lag Roth auf der Straße, bewußtlos.

*Joseph Roth (Mitte)
mit Freunden im Café*

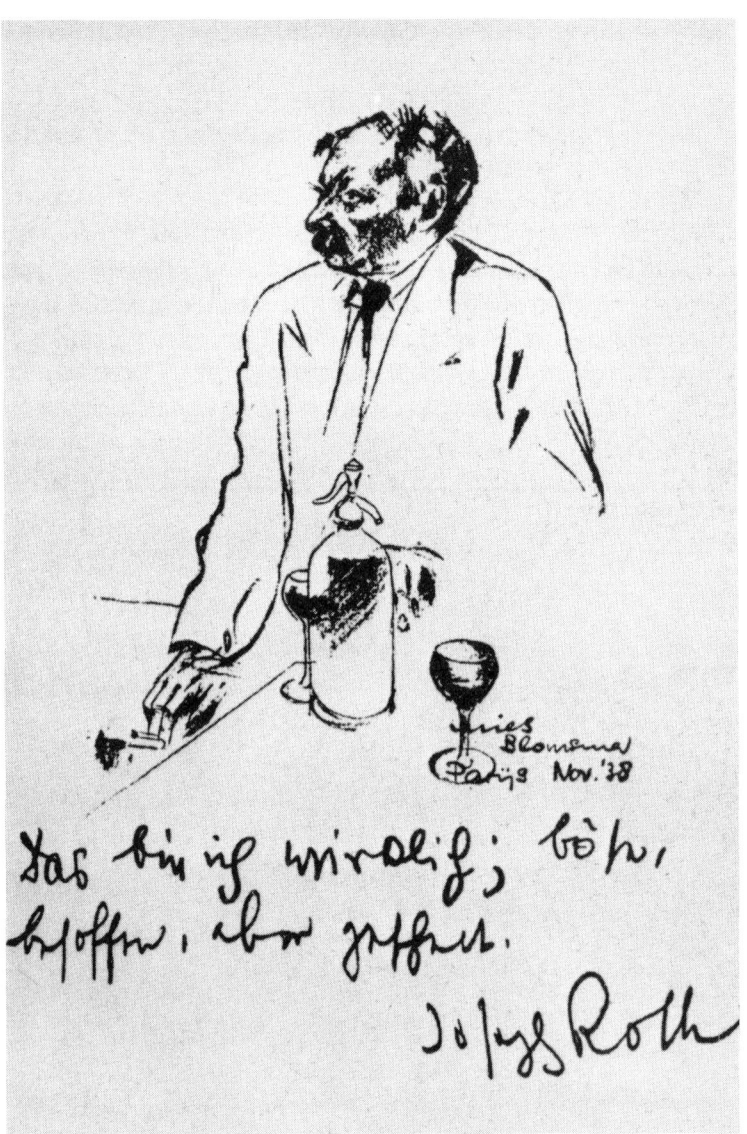

Mit eines Doktors Hilfe schafften wir ihn in ein Krankenhaus in einer häßlichen Gegend, wo die Kranken starben, ohne ein Honorar zu zahlen.

Die Wärter fesselten ihn. Nun begann der schlecht gefesselte Dichter zu toben. Er schrie, auf seinem Bett sitze der Antichrist und mache Grimassen und verspreche ihm ein neues Leben und allen Reichtum der Welt, wenn er sich nur verkaufe. Es saß aber niemand auf dem Bett außer mir, und ich machte keine Grimassen, außer, daß mir die Tränen die Backen herunterliefen, und ich konnte vor Kummer kein Wort sagen. Die Schwester aber steckte ihm ein Tuch in den Mund und ließ ihn für die Nacht allein, im Schweiß und Toben, und bei offenen Fenstern, und sie trieb mich aus dem Spital wie einen bösen Feind.

Als ich am andern Morgen in Roths Stube kam, fünf Minuten nach neun, war er schon tot.

»Schrecklich!« sagte Alexander.

»Wieso?« fragte Volkmüller, bestellte eine dritte Flasche Mineralwasser und nahm eine neue Tablette ein. »Schlimmer ist, daß er ein so furchtbares Leben geführt hat. Aber das erzähle ich ein andermal. Und vielleicht war sein Leben gar nicht fürchterlich. Wer weiß, was ein anderer Mensch über sein eigenes Leben denkt. Bei einem großen Dichter sollte seine Meinung über das Leben freilich deutlich sein ... Nicht wahr? Oder zweifeln Sie daran, daß Joseph Roth der größte Dichter Österreichs zwischen den beiden Weltkriegen war?«

Auf dem Nachttisch:
Joseph Roth,
Die Legende vom
heiligen Trinker

Beim Einmarsch der Deutschen im Juni 1940 öffnete sich der Schriftsteller und Arzt Ernst Weiß in seinem Hotelzimmer die Pulsadern. Kurz
darauf starb er im Hôpital Lariboisière. Daß dank der Bemühungen
Thomas Manns bei Roosevelt bereits ein Visum in die USA für ihn bereit-
lag, hatte er nicht mehr erfahren.

Als Anna Seghers in seinem Hotel nach ihm fragte, antwortete die
Wirtin, er sei nicht mehr da, und »machte ein komisches Gesicht«. Die
Todesumstände ihres Exilbekannten fanden Eingang in Seghers Exil-
roman *Transit*.

Der Erzähler fragt im Hotel nach dem Schriftsteller Weidel:

Paris
Hôtel Trianon Rive Gauche

Anna Seghers
Ernst Weiß

D as Hotel in der Rue de Vaugirard, schmal und hoch, war
ein Durchschnittshotel. Die Patronin war über dem
Durchschnitt hübsch. Sie hatte ein zartes, frisches Gesicht und pechschwarzes Haar. Sie trug eine weiße Seidenbluse.
Ich fragte ganz ohne Überlegung, ob ein Zimmer frei sei. Sie
lächelte, während mich ihre Augen kalt musterten. »Soviel Sie
wollen.« – »Zuerst etwas anderes«, sagte ich, »Sie haben hier einen
Mieter, Herrn Weidel; ist er zufällig daheim?« Ihr Gesicht, ihre
Haltung veränderten sich, wie das nur bei Franzosen zu sehen ist:
Die höflichste unnachahmliche Gleichmütigkeit schlägt plötzlich,
wenn da die Fäden reißen, in rasende Wut um. Sie sagte, ganz hei-
ser vor Wut, aber schon wieder in den geläufigen Redensarten:
»Man fragt mich zum zweitenmal an einem Tag nach diesem Menschen. Der Herr hat sein Domizil gewechselt – wie oft soll ich das
noch erklären?« – Ich sagte: »Sie erklären es jedenfalls mir zum
erstenmal. Haben Sie doch die Güte, mir zu sagen, wo der Herr
jetzt wohnt.« – »Wie soll ich das wissen«, sagte die Frau. Ich
merkte langsam, auch sie hatte Furcht, aber warum? »Sein jetziger
Aufenthalt ist mir unbekannt, ich kann Ihnen wirklich nicht mehr
sagen.« Den hat am Ende doch die Gestapo geholt, dachte ich. Ich
legte meine Hand auf den Arm der Frau. Sie zog ihren Arm nicht
weg, sondern sah mich an mit einem Gemisch von Spott und

Hôtel Trianon Rive Gauche
1 bis, rue de Vaugirard
F–75006 Paris
Tel.: 0033/1/43.29.88.10
Fax: 0033/1/43.29.15.98
110 Zimmer, DZ ab 850 FF

Ernst Weiß

Unruhe. »Ich kenne ja diesen Mann überhaupt nicht«, versicherte ich, »man hat mich gebeten, ihm etwas auszurichten. Das ist alles. Etwas, was für ihn wichtig ist. Ich möchte auch einen Unbekannten nicht nutzlos warten lassen.« Sie sah mich aufmerksam an. Dann führte sie mich in das kleine Zimmer neben dem Eingang. Sie rückte nach einigem Hin und Her mit der Sprache heraus. »Sie können sich gar nicht vorstellen, was dieser Mensch mir für Unannehmlichkeiten bereitet hat. Er kam am 15. gegen Abend, als die Deutschen schon einzogen. Ich hatte mein Hotel nicht geschlossen, ich war geblieben. Im Krieg, hat mein Vater gesagt, geht man nicht weg, sonst wird einem alles versaut und gestohlen. Was soll ich mich auch vor den Deutschen fürchten? Die sind mir lieber als die Roten. Die tippen mir nicht an mein Konto. Herr Weidel kommt also an und zittert. Ich finde es komisch, wenn einer vor seinen eigenen Landsleuten zittert. Ich war aber froh über einen Mieter. Ich war ja damals allein im ganzen Quartier. Doch als ich ihm meinen Anmeldezettel bringe, da bat er mich, ihn nicht anzumelden. Herr Langeron, wie Sie ja wissen, der Herr Polizeipräsident, besteht streng weiter auf Anmeldung aller Fremden, es muß ja auch Ordnung bleiben, nicht wahr?« – »Ich weiß nicht genau«, erwiderte ich, »die Nazisoldaten sind ja auch alle Fremde, Unangemeldete.« – »Nun, dieser Herr Weidel jedenfalls machte Chichi mit seiner Anmeldung. Er habe sein Zimmer in Auteuil nicht aufgegeben, er sei ja auch dort angemeldet. Mir gefiel das gar nicht. Herr Weidel hat schon mal früher bei mir gewohnt mit seiner Frau. Eine schöne Frau, nur hat sie zu wenig auf sich gehalten und öfters geweint. Ich versichere Ihnen, der Mensch hat überall Unannehmlichkeiten gemacht. Ich ließ ihn also in Gottes Namen unangemeldet. Nur diese eine Nacht, sagte ich. Er zahlte im voraus. Am nächsten Morgen kommt mir der Mann nicht herunter. Ich will es kurz machen. Ich öffne mit meinem Nachschlüssel. Ich öffne auch den Riegel. Ich habe mir mal so ein Ding anfertigen lassen, womit man den Riegel zurückschiebt.« Sie öffnete eine Schublade, zeigte mir das Ding, einen schlau ausgeknobelten Haken. »Der Mensch liegt angekleidet auf seinem Bett, ein Glasröhrchen leer auf dem Nachttisch. Wenn das Röhrchen vorher voll war, dann hat er eine Portion im Bauch gehabt, mit der man alle Katzen unseres Quartiers hätte umbringen können. Nun hab ich ja zum Glück einen guten Bekannten bei der Polizei Saint Sulpice. Der hat mir die Sache ins reine gebracht. Wir haben ihn vordatiert angemeldet, den Herrn Weidel. Dann haben wir ihn sterben lassen. Dann wurde er beerdigt. Dieser Mensch hat mir wirklich mehr Verdruß gemacht als der Einmarsch der Deutschen.«

»Immerhin, er ist tot«, sagte ich. Ich stand auf.

Auf dem Nachttisch:
Anna Seghers, *Transit*

126

Auf seiner Reise im Jahr 1963 lernt Graham Greene Haiti unter dem Gewaltregime Duvaliers kennen.

Unmöglich, ins Hotel zu fahren oder es zu verlassen, ohne daß man zweimal nach Waffen durchsucht wurde. Auf dieser Reise wohnte ich nicht im El Rancho, ich stieg nur einmal den Hügel hinauf, um es wiederzusehen. Gäste gab es jetzt keine im Hotel, nur einen Rezeptionisten, und der Swimming-pool war leer.

Das war anders in den fünfziger Jahren:

Das Luxushotel El Rancho in Piétonville, wo ich wohnte, sooft ich mich in Port-au-Prince aufhielt, war immer voll, übervoll. Der Bürgermeister von Miami flog mit einer Horde lautstarker Anhänger und kreischender Mädchen für eine Nacht herüber, und am Swimming-pool kam es bis in die Morgenstunden zu wilden Szenen.

In der *Stunde der Komödianten* schildert Greene den Alpdruck, der auf der Insel unter der Willkürherrschaft des Duvalier-Regimes lastete. Das Hotel Oloffson, in dem Greene diesmal untergekommen war, wurde unter dem Namen Hotel Trianon zum Hauptschauplatz des Romans.

Die Architektur des Hotels war weder klassisch in der Art des achtzehnten Jahrhunderts noch luxuriös im Stil des zwanzigsten. Mit seinen Türmchen und Balkonen und hölzernen Verzierungen aus Gitterwerk wirkte es nachts wie ein verwunschenes Haus auf einer Charles Addams-Zeichnung im New Yorker. Man erwartete, daß eine Hexe oder ein irrsinniger Butler einem die Tür auftat, hinter sich eine Fledermaus, die vom Luster herabhing. Im Sonnenschein aber, oder wenn zwischen den Palmen die Lichter

Grand Hôtel Oloffson
60, avenue Christoph
Port-au-Prince
Haiti
Tel.: 00509/22 01 39,
Fax: 00509/23 09 19
P.O. Box: 1720

brannten, sah es zerbrechlich und altväterisch und hübsch und lächerlich aus, eine Illustration aus einem Märchenbuch. Das Haus war mir ans Herz gewachsen.

Das Buch brachte dem Schriftsteller die erste und letzte Besprechung eines Staatsoberhauptes ein. Duvalier äußerte in einem Interview: »Das Buch ist nicht gut geschrieben. Es ist wertlos.«

Auf dem Nachttisch:
Graham Greene,
Die Stunde der Komödianten.
Fluchtwege

Im Jahr 1948 gerät Graham Greene in Prag mitten in die Revolutionswirren und erlebt im Keller des Ambassador einen Abend, der »eines Breughel würdig gewesen wäre«.

Graham Greene

A m Abend, als ich Wien verließ, kursierten Gerüchte über einen kommunistischen Putsch, aber mich beunruhigte der Schnee mehr, weil er den Start der Maschine um Stunden verzögerte. Im selben Flugzeug reisten zwei englische Korrespondenten, einer von einem Pressedienst, einer von der BBC. Wie sie erzählten, flogen sie hin, um über die Revolution zu berichten.

»Revolution?«

»Haben Sie ein Zimmer bestellt?« fragte der eine.

»Nein, ich dachte, zu dieser Jahreszeit ist das nicht nötig.«

»Die Hotels sind immer voll, wenn Revolution ist«, sagte der andere aus tiefster Berufserfahrung.

»Man hat mir das Ambassador empfohlen.«

»Wir haben dort ein Zweibettzimmer. Das letzte, das noch frei war. Kommen Sie lieber mit uns.«

Der Schnee fiel dichter und dichter, und das Flugzeug hatte ziemliche Verspätung. Als wir landeten, war es lange nach Mitternacht, und keiner von uns hatte seit Mittag etwas gegessen. Essen schien mir noch wichtiger als ein Bett, aber eine Mahlzeit, dachte ich, kann in einem internationalen Hotel jedenfalls kein Problem sein. Wie ich mich täuschte: Ein Bett hatten sie zwar nicht, das war aber nicht weiter schlimm. Im Zimmer der Korrespondenten stand ein Sofa, das konnte ich haben, aber jetzt, um ein Uhr dreißig morgens, hätte ich doch gern irgend etwas Einfaches, Nahrhaftes …

»Tut mir leid«, sagte der Portier, »das Restaurant ist geschlossen. *Alle* Restaurants in Prag sind geschlossen.«

»Ein Butterbrot«, schlug ich verzweifelt vor.

»Bedaure…«

Dann schmolz das Herz des Portiers. »Vielleicht«, sagte er, »gibt es einen Ausweg. Im Keller findet ein Ball für das Personal statt. Dort gibt es Erfrischungen. Wenn Sie es versuchen wollen… Vielleicht läßt man Sie …«

Hotel Ambassador
Václavské náměstí 5
cz-Prag 1
Tel.: 0042/2/24.19.31.11
Fax: 0042/2/24.22.35.63
155 Zimmer, 17 Suiten
DZ ab 150 DM

Graham Greene

Im Keller stellten wir fest, daß wir nicht die einzigen Nahrungssuchenden waren. Der venezolanische Botschafter war da und tanzte schwerfällig mit der fetten Köchin, auch andere Diplomaten waren da. Ein recht hübsches Zimmermädchen machte uns Platz an ihrem Tisch und zeigte uns die Berühmtheiten – »Der ist Legationsrat an der Botschaft von Uruguay – das ist der Hausdiener vom dritten Stock – das dort ist Josef, der Pâtissier – jemand von der Zentralbank, ich weiß nicht, was er da tut.« Wenn dies wirklich eine Revolution war, schien sie mir nicht schlimm zu sein. Die Kapelle spielte, alle waren vergnügt, das Bier floß in Strömen. Nach meinem dritten Glas fiel mir Wordsworth ein – »Ein Fest in diesem Aufgang einer neuen Zeit zu leben«. Der Botschafter kam mit der Köchin an unseren Tisch zurück. Er legte den Arm um ihre kräftige Mitte und drückte sie sanft und anhaltend. Soweit ich verstand – aber ich vertiefte mich gerade in Wurst und Kartoffeln –, beschwor er sie, darauf zu achten, daß er bei seinem nächsten Besuch im Restaurant oben ein wirklich großes, ein überdimensionales Schnitzel bekäme. Mit einer Hand drückte er sie und mit der anderen zeigte er – »mindestens so dick«. Wer hätte in dieser phantastischen Nacht den Slansky-Prozeß voraussehen können, die Stalin-Greuel, den kurzen Frühling, und daß dann Dubcek und Smrkovsky gewaltsam nach Moskau geschleppt wurden?

In dieser Nacht, damals, 1948, schlief ich nicht sehr gut. Am Sofa lag es nicht, ich war nur erpicht darauf, zwei Sonderkorrespondenten während einer Revolution an der Arbeit zu sehen. Von der Straße her kam schon früh viel Lärm, es wurde gesungen, aber bis halb neun hatte sich noch keiner der beiden Männer geregt. Wecken wollte ich sie nicht, wenn mich auch Ungeduld plagte auszugehen. Um halb zehn endlich riß sich einer der beiden Korrespondenten aus dem Schlaf und schleppte sich bis ins Badezimmer, der andere bewegte sich schlaftrunken zum Telefon, schleifte die Kordel seines Schlafrocks hinter sich her und wählte die Nummer seines Prager Kontaktmannes. »Ist irgend etwas los? Nein? Na, ich schau später herein. Geht's um elf? Ich bin erst schrecklich spät ins Bett gekommen.« Er war etwas verwirrt, als er mich schon beim Anziehen sah. »Gehen Sie aus?« fragte er. »Könnten Sie uns Bescheid sagen, wenn Sie was Interessantes sehen?« Sonderkorrespondent zu sein, bedeutete offenbar nicht, daß man große Dynamik zu entwickeln hatte.

Ich blieb eine Woche in Prag, aber dem Glücksgefühl bei dem Fest der Hotelangestellten kam nichts mehr gleich. Schon breitete sich der Galgenhumor der Niederlage aus – hauptsächlich in Gestalt von Witzen über das fette Weib von Gottwald, dem Führer der Kommunisten.

Auf dem Nachttisch:
Graham Greene,
Fluchtwege

Im Sommer 1878 gelangen Mark Twain und sein Begleiter Harris auf ihrem *Bummel durch Europa* nach Luzern, wo sie beschließen, die Rigi zu besteigen, »ein 1800 m hohes imposantes Alpenmassiv, das für sich allein steht und über eine mächtige Aussicht auf blaue Seen, grüne Täler und schneebedeckte Täler gebietet – ein vollgestopftes, großartiges Bild«. Allerdings müssen sie erfahren, daß es trotz Baedeker und Weckdienst der gut organisierten Hoteliers nicht einfach ist, das berühmte Sonnenuntergangs-Spektakel zu erleben.

Im Grand Hotel in Kaltbad, dem heutigen Hostellerie-Hotel, gehen die beiden in gespannter Erwartung auf das morgendliche Geschehen zu Bett:

Rigi
Hostellerie Rigi
Rigi Kulm Hotel

Mark Twain

Hostellerie Rigi

Um zehn nach sechs erreichten wir den Haltepunkt Kaltbad, in dessen Nähe sich ein geräumiges Hotel mit großen Veranden befindet, von denen man einen majestätischen Blick auf einen weiten Ausschnitt der See- und Gebirgslandschaft genießt. Wir waren nun ziemlich erledigt, aber da wir den alpinen Sonnenaufgang nicht versäumen wollten, aßen wir so rasch wie möglich zu Abend und begaben uns eiligst zu Bett. Es war unaussprechlich behaglich, die müden Glieder zwischen den kühlen, klammen Laken zu strecken. Und wie wir schliefen! Denn es gibt kein besseres Schlafmittel als eine Alpenwanderung.

Am nächsten Morgen wachten wir beide im selben Augenblick auf, sprangen aus dem Bett, liefen zum Fenster und rissen die Vorhänge zur Seite; aber wieder erlitten wir eine bittere Enttäuschung: es war bereits halb vier nachmittags.

Hostellerie Rigi
CH–6356 Rigi-Kaltbad
Tel.: 0041/41/83.16.16
Fax: 0041/41/83.12.66
52 Zimmer, DZ ab 180 SFr

Panorama von
Rigi-Kaltbad

Wir kleideten uns verdrießlich und übelgelaunt an; jeder warf dem anderen vor, daß er sich verschlafen habe. Harris meinte, wenn wir den Reiseleiter mitgenommen hätten, was wir eigentlich hätten tun sollen, wären uns diese Sonnenaufgänge nicht durchgegangen. Ich entgegnete, er wisse sehr wohl, daß einer von uns hätte wachbleiben müssen, um den Reiseleiter zu wecken; und ich fügte hinzu, daß wir bei diesem Aufstieg gerade genug Mühe hätten, auf uns selber zu achten, ohne gleichzeitig auch noch auf einen Reiseleiter aufpassen zu müssen.

Rigi Kulm Hotel

Twain und seinem Reisebegleiter ist das Meisterstück gelungen, den Aufstieg, für den im Reiseführer eine Dreiviertelstunde vorgesehen ist, auf drei Tage auszudehnen. Schließlich erreichen die beiden Amerikaner erschöpft und von den Strapazen arg mitgenommen den Gipfel.

Diesmal kann nichts mehr schiefgehen. Schließlich haben sie im Reiseführer gelesen, daß die Hotelgäste rechtzeitig durch ein Alphorn geweckt werden, »dessen Töne die Toten aufwecken würde«.

Mark Twain

Rigi Kulm Hotel
CH–6410 Rigi
Tel.: 0041/41/83.13.12
Fax: 0041/41/83.11.14
32 Zimmer, DZ ab 85 SFr

Ja, es war das Rigi-Kulm-Hotel, das auf dem allerhöchsten Gipfel steht und dessen fernes Lichtergefunkel wir oft weit dort unten in Luzern von unserem Balkon aus hoch oben zwischen den Sternen hatten glitzern sehen. Der mürrische Portier und die mürrischen Angestellten bereiteten uns den grämlichen Empfang, dessen man bei Leuten ihres Schlages in Zeiten des Wohlstands gewärtig sein muß, aber nachdem wir sie durch ganz besonders große Folgsamkeit und Unterwürfigkeit erweicht hatten, brachten wir sie schließlich doch noch dazu, daß sie uns das Zimmer zeigten, das unser Junge für uns bestellt hatte.

Wir rollten uns in den klammen Betten zusammen und schliefen ohne Wiegen ein. Wir waren so vollkommen ermattet, daß wir uns nicht rührten und nicht umdrehten, bis das Dröhnen des Alpenhorns uns aufweckte. Man wird sich gut vorstellen können, daß wir absolut keine Zeit verloren. Hastig zogen wir dies und das über, wickelten uns in die vorgeschriebene rote Decke wie in einen Kokon ein und stürzten barhäuptig die Gänge entlang und in den heulenden Wind hinaus. Auf der äußersten Spitze des Gipfels erblickten wir ein großes Holzgerüst und rannten darauf zu. Wir flitzten die Stufen hinauf, und dann standen wir mit wehendem Haar oben auf dem Gerüst, und unsere brandroten Decken flatterten und knallten in der heftigen Brise.

»Mindestens eine Viertelstunde zu spät!« sagte Harris bedrückt. »Die Sonne steht schon ganz über dem Horizont.«

»Macht nichts«, sagte ich, »der Anblick ist großartig, und wir sehen auf jeden Fall noch den restlichen Aufgang.«

Im Nu waren wir tief in das Wunder vor unseren Augen versunken und hatten für nichts sonst Augen und Ohren. Die große, von Wolken vergitterte Scheibe der Sonne stand sozusagen mit ihrem unteren Rand auf einer grenzenlosen Weite hochgeplätscherter Katzenköpfe – auf dem wogigen Chaos massiger Bergkuppen und -spitzen, die in nievergehenden Schnee gekleidet und in ein opalenes Leuchten von stetig wechselndem und schmelzendem Glanz getaucht waren, während durch Spalten in einer schwarzen Wolkenbank über der Sonne Strahlenspeere aus Diamantenstaub in den Zenit hinaufschossen. Die klaffenden Täler der niederen Welt schwammen in einem farbigen Dunst, der das Schroffe und Unfreundliche ihrer Felsenklüfte und Felsspitzen und knorrigen Wälder verschleierte und dieses ganze abweisende Gelände in ein sanftes und üppiges und sinnenfreudiges Paradies verwandelte.

Wir konnten nichts sagen. Wir konnten kaum atmen. Wir konnten nur in trunkener Verzückung schauen und es in uns hineintrinken. Mit einemmal rief Harris:

»Ei ––– dammt, sie geht *unter*!«

Er hatte vollkommen recht. Wir hatten das *Morgen*horn verpaßt und den ganzen Tag geschlafen. Das war sehr verblüffend. Harris sagte:

»Ha! Nicht die Sonne bietet den aufregenden Anblick, sondern

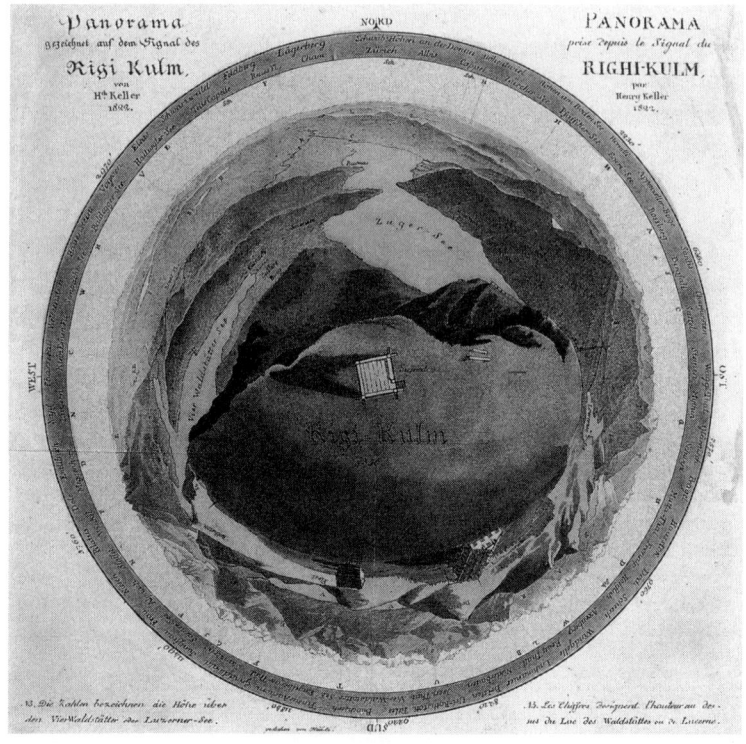

133

wir! Stehen gaffend hier oben auf diesem Galgen in unseren idiotischen Decken, und zweihundertfünfzig wohlgekleidete Männer und Frauen da unten gaffen zu uns herauf und scheren sich nicht die Bohne darum, ob die Sonne auf- oder untergeht – Hauptsache, sie können so ein lächerliches Schauspiel wie dies hier in ihr Tagebuch eintragen. Die scheinen sich die Rippen wackelig zu lachen, und ein Mädchen ist da unten, das bricht gleich vor Lachen in Stücke. Einen Mann wie Sie habe ich noch nie gesehen. Ich glaube, als Esel sind Sie der absolut letzte Schrei.«

»Was habe ich jetzt schon wieder gemacht?« fragte ich hitzig.

»Was Sie gemacht haben? Sie sind abends um halb sieben aufgestanden, um die Sonne aufgehen zu sehen; das haben Sie gemacht!«

»Und Sie? Sind Sie etwa einen Deut besser? Ich bin jeden Tag mit der Lerche aufgestanden, bevor ich unter den versteinernden Einfluß Ihres aufgedunsenen Geistes geriet!«

»*Sie* sind mit der Lerche aufgestanden – o, kein Zweifel –, eines Tages werden Sie noch mal mit dem Henker aufstehen. Aber Sie sollten sich was schämen, hier so herumzumaulen, in einer roten Decke, auf einem zehn Meter hohen Gerüst oben auf den Alpen. Und all die Leute da unten noch dazu! Wahrhaftig kein Ort, um heftig zu werden.«

Und so weiter – unsere übliche Streiterei. Als die Sonne so ziemlich ganz untergegangen war, schlüpften wir im barmherzigen Dämmerlicht ins Hotel zurück und krochen wieder ins Bett. Auf dem Weg begegneten wir dem Hornbläser, und er versuchte, sein Honorar nicht nur für die Ankündigung des Sonnenuntergangs zu kassieren, den wir tatsächlich gesehen hatten, sondern auch für die Ankündigung des Sonnenaufgangs, den wir ganz und gar verpaßt hatten; aber wir sagten nein, wir hielten uns bei der Sonnenzuteilung streng an die europäische Methode – gezahlt wird für das, was man kriegt. Er versprach uns, dafür zu sorgen, daß wir sein Horn am nächsten Morgen hörten, falls wir dann noch lebten.

Der Hornbläser hielt sein Wort. Nur hatten die beiden diesmal die geographischen Gegebenheiten nicht in Betracht gezogen. Erst als die Sonne längst über ihnen stand, kamen sie auf den scharfsinnigen Gedanken, daß an der Stelle, an der sie am Vorabend einem Sonnenuntergang beigewohnt hatten, eigentlich kein Sonnenaufgang stattfinden konnte.

Heute ist das Erlebnis nicht mehr dem Zufall überlassen. Das Hotel organisiert einen Mark-Twain-Sonnenaufgang. Auch wenn der Name mißtrauisch stimmen müßte, garantiert die Direktion absolutes Gelingen.

Auf dem Nachttisch:
Mark Twain,
Bummel durch Europa

Im Winter 1912/13 unternimmt Rainer Maria Rilke die seit langem geplante Spanienreise. Für acht Wochen wohnt er in Ronda.

Ronda
Hotel Reina Victoria

Rainer Maria Rilke
Ernest Hemingway

Hier ist starke, herrliche Luft, Berge wie aufgeschlagen, um Psalmen daraus vorzusingen – und auf eine Bergplatte gehäuft eine der ältesten und seltsamsten spanischen Städte.

Und da das spanische Klima seiner Verfassung nicht die erwünschte Wirkung bringt und die Arbeit an der Sechsten Elegie nur zögerlich vorangeht, lobt er sein Hotel nur zähneknirschend:

Zum Überfluß hat der Teufel den Engländern eingegeben, hier ein wirklich ausgezeichnetes Hotel zu bauen, in dem ich natürlich nun wohne, neutral, theuer und wie es sich der und jener wünschen würde, und dabei bin ich schamlos genug, zu verbreiten, daß ich in Spanien reise.

Hemingway hingegen empfiehlt das Reina Victoria zwanzig Jahre später in *Tod am Nachmittag* vorbehaltlos:

Dahin müssen Sie fahren, wenn Sie je nach Spanien auf Hochzeitsreise gehen oder wenn Sie mit irgendwem durchbrennen. Die ganze Stadt, und so weit, wie sie in jeder Richtung sehen können, ist romantischer Hintergrund, und es gibt dort ein Hotel, das so bequem ist, so gut geführt wird und wo man so gut ißt und wo gewöhnlich nachts eine kühle Brise weht, daß, wenn eine Hochzeitsreise oder eine Entführung mit dem romantischen Hintergrund und dem modernen Komfort in Ronda kein Erfolg ist, Sie geradesogut nach Paris aufbrechen und beide anfangen können, sich ihren eigenen Freundeskreis zu schaffen. Ronda hat alles, was

Hotel Reina Victoria
25, av. Doctor Fleming
E–29400 Ronda (Malaga)
Tel.: 0034/52/287.12.40
Fax: 0034/52/287.10.75
19 Zimmer,
DZ ab 13.000 Pesetas

Rainer Maria Rilke

Diese Aufnahme von Ronda
stammt aus Rilkes Besitz

man sich für einen derartigen Aufenthalt wünscht, romantische
Szenerie, die man notfalls sehen kann, ohne das Hotel zu verlassen, wunderbare kurze Spaziergänge, guten Wein, herrliche
Fischgerichte, ein ausgezeichnetes Hotel, sozusagen nichts anderes zu tun, zwei ortsansässige Maler, die Ihnen Aquarelle verkaufen werden, die man sich als hübsche Erinnerung an das Erlebnis
rahmen lassen kann, aber wahrhaftig – trotz alldem ist es ein
wunderbarer Ort. Es liegt auf einem Plateau in einem Kranz von
Bergen, und das Plateau ist von einer Schlucht durchschnitten, die
die zwei Städte voneinander trennt und in einer Klippe endet, die
steil zum Fluß und der Ebene darunter abfällt, wo Sie den Staub
von den Maultierzügen auf der Straße emporsteigen sehen.

**Rilkes Zimmer Nr. 34 ist in ein Museum verwandelt worden und enthält
ein paar winzige Gegenstände, die ihm gehörten, ein paar Photos, einige
Faksimiles von hier geschriebenen Briefen. Im Garten steht ein bronze-
ner Rilke, ein Buch in der Hand.**

Auf dem Nachttisch:
Rainer Maria Rilke,
Duineser Elegien
Ernest Hemingway,
Tod am Nachmittag

136

W as heißt das, ein Zimmer bewohnen? Heißt einen Ort bewohnen, ihn sich aneignen? Was heißt, sich einen Ort aneignen? Ab wann wird ein Ort wirklich der Ihre? Ist es der Fall, wenn man seine drei Paar Socken in einer rosa Plastikschüssel eingeweicht hat? Ist es der Fall, wenn man sich auf einem Gaskocher Spaghettis warm gemacht hat? Ist es der Fall, wenn man alle einzelnen Kleiderbügel des Kleider- und Wäscheschranks benutzt hat? Ist es der Fall, wenn man eine alte Postkarte, die den Traum der heiligen Ursula von Carapaccio darstellt, mit einem Reißbrettstift an die Wand geheftet hat? Ist es der Fall, wenn man dort die Angstgefühle des Wartens oder die Überschwenglichkeiten der Leidenschaft oder die Qualen rasender Zahnschmerzen erlebt hat?

Diese Fragen stellt sich Georges Perec in seinen *Träumen von Räumen*, die ihn von der Buchseite über immer größere Einheiten – das Bett, das Zimmer, die Wohnung, das Haus, die Straße usw. – schließlich zum Universum führen. Da der Raum für ihn dieselbe Rolle spielt wie die

Saint-Chély-d'Apcher
Hôtel du Lion d'Or

Georges Perec

Hôtel du Lion d'Or
132, rue Théophile–Roussel
F-48200 Saint-Chély-
d'Apcher
Tel.: 0033/66.31.00.14
Fax: 0033/66.31.32.67
25 Zimmer, DZ ab 250 FF

Madeleine bei Proust – »unter dessen Zeichen dieses ganze Projekt selbstverständlich gestellt ist« –, hat er sich eine »möglichst ebenso erschöpfende wie genaue Bestandsaufnahme der rund zweihundert Orte« vorgenommen, an denen er geschlafen hat.
Von den Hotels wird nur ein einziges namentlich erwähnt:

In einer kleinen Anzahl dieser Zimmer habe ich mehrere Monate, mehrere Jahre verbracht; in den meisten habe ich nur einige Tage oder einige Stunden verbracht; es ist vielleicht tollkühn von mir zu behaupten, daß ich mich an jedes einzelne zu erinnern vermag: welches Motiv hatte die Tapete jenes Hotelzimmers im Lion d'Or in Saint-Chély-d'Apcher (der Name – weitaus überraschender noch, wenn er ausgesprochen als wenn er geschrieben wird – dieser Kantonshauptstadt im Departement Lozère hatte sich mir aus Gründen, die ich nicht kenne, seit meinem dritten Schuljahr ins Gedächtnis eingeprägt, und ich hatte sehr darauf bestanden, daß wir dort Halt machten)? Aber selbstverständlich erwarte ich von diesen wieder aufgetauchten Erinnerungen an diese Eintagszimmer die allergrößten Offenbarungen.

Auf dem Nachttisch:
Georges Perec,
Träume von Räumen

Im Dezember 1955 begleitete Truman Capote das amerikanische Porgy-and-Bess-Ensemble zur Krönung seiner vierjährigen Welttournee in die Sowjetunion. Es war die erste Reise nach Rußland, »die je von einer amerikanischen Theatergruppe dorthin unternommen wurde«, und man sah dem Abenteuer mit einer Mischung aus freudiger und ängstlicher Erwartung entgegen.

Nach drei Tagen und drei Nächten fuhr der Blaue Express aus Berlin in Leningrad ein:

N achdem die Truppe in bereitgestellten Bussen vom Bahnhof Leningrad zum Hotel Astoria gebracht worden war, konzentrierte sich ihre ganze Spannung auf die Unterbringung.

Das Astoria, an der eindrucksvollen Weite des Isaaks-Platzes gelegen, ist ein Intouristhotel, was bedeutet, daß es jenem staatlichen Betrieb untersteht, der alle Hotelunterkünfte für ausländische Reisende mit Aufenthaltsgenehmigung kontrolliert. Das Astoria erhebt mit Recht Anspruch darauf, das beste Haus in Leningrad zu sein. Manche halten es für das Ritz von ganz Rußland. Aber es macht nur wenig Konzessionen an westliche Begriffe eines Luxus-Etablissements. Eine derselben ist ein von der Hotelhalle abgehender Raum, der sich als ein *Institut de Beauté* anpreist, wo für die Gäste *Pedicure*, *Manicure* und ein *Coiffure pour Madame* bereit sind. Das *Institut* mit seiner fleckigen Weißgekalktheit, seinem peinigenden Zubehör erinnert an eine Armenklinik unter Obhut einiger nicht eben peinlich hygienischer Krankenschwestern, und die *Coiffure*, die Madame dort erhält, wird ihr Haar leicht in einen Zustand versetzen, der es ausgezeichnet als Topf-

Sankt Petersburg
Hotel Astoria

Truman Capote

Das alte Gebäude des »Ritz von Leningrad« aus dem Jahr 1912 wurde 1988 gegen den Protest der Bevölkerung auf den Beschluß des Leningrader Stadtsowjets niedergerissen und durch ausländische Investoren wieder aufgebaut.

Hotel Astoria
39 Bolskaya Morskaya Ul.
190 000 Sankt Petersburg
Rußland
Tel.: 007/812/210.57.57
Fax: 007/812/315.96.68
380 Zimmer, 53 Suiten,
3 Appartments
DZ ab 210 US Dollar

kratzer verwendbar macht. Dann sind da, im gleichen Geschoß gelegen, drei Restaurants, eins ins andere übergehend, ein Höhlentrio, das etwa so viel Frohsinn verbreitet wie ein Flugzeugschuppen. Das mittlere ist Leningrads elegantestes Restaurant, und abends von acht bis Mitternacht spielt dort ein Orchester russischen Jazz für die lokale *haut monde*, die selten tanzt, sondern grämlich herumsitzt und die Bläschen in klebrigen Gläsern mit süßem Krimsekt zählt. Das Intouristbüro des Hotels befindet sich in der Haupthalle hinter einer niederen Theke, deren zwölf Pulte so arrangiert sind, daß die Angestellten jeweils einen guten Überblick haben, was ihre Aufgabe, das Kommen und Gehen der Gäste zu überwachen, wesentlich erleichtert. Es ist dies noch einfacher, ja sozusagen narrensicher gemacht worden, indem man eine Art Hausdame auf jedem der für die Gäste bestimmten Stockwerke stationiert hat, Aufseherinnen, die von Morgendämmerung bis Morgendämmerung im Dienst sind und niemandem erlauben, sein Zimmer zu verlassen, ohne daß er ihnen den Schlüssel abgibt, und die ständig, wie menschliche Kontrolluhren, das Ein und Aus in dicke Bücher einzutragen haben.

Der übliche Gastraum im Astoria sieht wie die Mansarde in einem viktorianischen Dachgeschoß aus, wo irgendeine arme Verwandte ihr Leben unter den abgelegten Sachen der Familie begräbt: im ungesunden Dunsthauch romantischer Marmorsäulen, trübbrennender Birnen unter Tüllampenschirmen wie Ballettröckchen, Tischen – gleich mehreren davon – mit Perserdecken, massenhaft Stühlen, Plüschsesseln, Schränken, die Platz für

Schiffskoffer bieten würden, geblümten Tapeten an den Wänden, buntschillernd von goldgerahmten Früchtestilleben und idyllischen Landschaften, Betten, die hinter klammfeuchten Samtportieren in höhlenartigen Alkoven verborgen sind – all dies hineingestopft in einen grabesdunklen, ungelüfteten Raum (man kann die Fenster im Winter nicht öffnen und würde es auch nicht wollen, wenn es ginge), der viermal so groß wie ein Eisenbahnabteil ist. Das Hotel hat natürlich auch großartigere Unterbringungsmöglichkeiten, Appartements von fünf und sechs Zimmern, aber die Innendekoration ist die gleiche, nur noch überladener.

Nichtsdestoweniger war die Mehrzahl unseres *Porgy-and-Bess*-Ensembles höchst einverstanden mit dem Astoria, meist weil sie »etwas so viel *Schlimmeres*« befürchtet hatten und nun ihre Zimmer »gemütlich« fanden.

Um fünf Uhr an diesem ersten Spätnachmittag genoß ich mein heißes Bad. Das Badezimmer, das zu dem mir zugewiesenen Zimmer im dritten Stock gehörte, hatte schweflig abblätternde Wände, einen kalten Heizkörper und eine gesprungene Toilette,

Truman Capote
mit »Big Mama«
Slim Hayward

die wie ein Gebirgsbach rauschte. Die Wanne selbst, Modell 1900, war mit Roststellen übersät, und das Wasser, das aus den Hähnen floß, braun wie Jod; aber es war heiß und entwickelte einen prächtigen Dampf, und ich aalte mich darin, faul vor mich hin überlegend, ob man unten im düsteren Speisesaal die Gesellschaft nun endlich mit Kaviar, Wodka, Schaschlik, Bliny und saurem Rahm traktieren würde. (Die Ironie des Schicksals hielt für sie, wie ich später erfuhr, das gleiche Menü bereit, das man uns bei jeder Mahlzeit im Speisewagen vorgesetzt hatte: Joghurt und Himbeerbrause, Brühe, panierte Kalbskoteletten, Karotten und Erbsen.) Ich spazierte während des Anziehens im Zimmer umher und rückte einige der Blumen- und Früchtestilleben wieder gerade, die an den Wänden klebten. Sie waren erheblich verrutscht, weil Leonard Lyons mich zwecks Inspizierung aufgesucht hatte, da er überzeugt war, daß die Zimmer im Astoria Abhörleitungen haben müßten. Lyons' Annahme wurde von den meisten geteilt, was nicht weiter erstaunlich war, in Anbetracht der Tatsache, daß man der Truppe vor der Abreise aus Berlin durch zwei amerikanische Diplomaten der Moskauer Botschaft in einer Instruktionsstunde geraten hatte, »anzunehmen«, daß während ihrer Rußlandreise die Hotelzimmer Geheimleitungen haben und die Briefe geöffnet werden würden.

Im Hinausgehen blieb ich am Etagenpult stehen und händigte meinen Schlüssel der Aufseherin aus, einer rundlichen blassen Frau mit einem Groteskpuppen-Lächeln, die in ihr Kontrollbuch einschrieb: 244 − 19.00 − die Nummer meines Zimmers und die Zeit meines Fortgehens.

Auf dem Nachttisch:
Truman Capote,
Die Musen sprechen

Im Jahr 1924, als er noch unbekannt, »leerbäuchig und ausgehöhlt hungrig« war, entdeckte der 25jährige Hemingway den vorarlbergischen Skiort Schruns, wo man als US-Amerikaner fast umsonst leben konnte. Mit seiner Frau Hadley und Sohn »Bumpy« verbrachte er hier einen ausgiebigen Winter und fügte seinen vielen Sportarten noch das Skilaufen hinzu. Hemingway ließ sich einen Bart über sein sonnenverbranntes Gesicht wachsen und wurde von den Einheimischen der »schwarze, kirschtrinkende Christus« genannt.

Für ein paar Wochen stießen Gerald Murphy und John Dos Passos zu ihnen und ließen sich von Ernests neuester Leidenschaft anstecken. Dos Passos erinnert sich:

Wir wohnten in einem reizenden alten Gasthof mit Kachelöfen, dem Gasthof zur Taube. Wir aßen Forellen blau und tranken heißes Kirschwasser. Das Kirschwasser war in solchem Überfluß vorhanden, daß man es uns zum Abreiben gab, wenn wir von unseren Skiausflügen nach Hause kamen.

Wir beschränkten uns auf den Geländelauf. Zum Klettern benutzten wir Seehundfelle. Das schönste Ziel war das Madlener Haus auf einer riesigen Schneehalde oberhalb der Ortschaft, eine Art Skihütte, wo es ein prasselndes Kaminfeuer und etwas Warmes zu essen gab. Die Leute hätten nicht netter sein können. Jeder, der einem begegnete, rief »Grüß Gott«. Überall fühlte man sich an die Bilder auf altmodischen Weihnachtskarten erinnert.

Hem stürzte sich Hals über Kopf in das neue Hobby. Er übte unermüdlich. Er mußte unbedingt der Beste sein.

Bei Tisch kamen wir vor lauter Lachen kaum zum Essen. In dieser Woche in Schruns war jeder nur darauf aus, den anderen zu hänseln. Wir aßen unheimliche Mengen Forellen, tranken Wein und Bier und schliefen wie die Murmeltiere unter den dicken Federbetten.

Schruns
Hotel Taube

John Dos Passos
Ernest Hemingway

Hotel Taube
Silvrettastraße 1
A–6780 Schruns
Tel.: 0043/5556/723 84
28 Zimmer,
DZ ab 700 öS pro Person

Auch Hemingway hat eine sehr sinnliche Erinnerung an die Vorarlberger Zeit, die er in seinem letzten, postum erschienenen Buch *Paris, ein Fest fürs Leben* noch einmal heraufbeschwört:

Die Zimmer in der Taube waren groß und behaglich, mit großen Öfen, großen Fenstern und großen Betten und guten Wolldecken und Federbetten. Die Mahlzeiten waren einfach und ausgezeichnet, und der Speisesaal und die holzgetäfelte Gaststube waren gut geheizt und gemütlich. Das Tal war weit und offen, so daß man viel Sonne hatte.

Wir liebten das Vorarlberg, und wir liebten Schruns. Wir fuhren gegen Ende November hin und blieben beinah bis Ostern.

Wir waren immer hungrig, und jede Mahlzeit war ein großes Ereignis. Wir tranken helles oder dunkles Bier und junge Weine und manchmal Weine, die ein Jahr alt waren. Die Weißweine wa-

Hemingway mit Gerald Murphy und John Dos Passos in Schruns, März 1926

ren am besten. Andere Getränke waren Kirsch, der im Tal gemacht wurde, und Enzianschnaps, der aus Gebirgsenzian gebrannt wurde. Manchmal gab es zum Mittagessen Hasenpfeffer mit einer üppigen Rotweinsauce und manchmal Wild mit Kastanienpüree. Hierzu tranken wir Rotwein, obwohl er teurer war als der Weißwein, und der allerbeste kostete zwanzig Cents pro Liter. Gewöhnlicher Rotwein war viel billiger, und wir schafften ihn in kleinen Fässern zum Madlener Haus hinauf.

Ein- oder zweimal in der Woche spielte man im Speisesaal des Hotels bei geschlossenen Fensterläden und verriegelter Tür Poker. Damals waren Glücksspiele in Österreich verboten, und ich spielte mit Herrn Nels, dem Hotelbesitzer, Herrn Lent von der alpinen Skischule, einem Bankier aus dem Ort, dem Gerichtsvollzieher und dem Gendarmeriehauptmann. Es war ein hartes Spiel, und alle waren gute Pokerspieler, nur Herr Lent spielte zu wild drauflos, weil die Skischule kein Geld einbrachte. Der Gendarmeriehauptmann hob den Finger ans Ohr, wenn er die beiden Gendarmen hörte, wenn sie auf ihrer Runde vor der Tür stehenblieben, und wir waren still, bis sie weitergingen.

In der Kälte des Morgens, sobald es hell wurde, kam das Mädchen ins Zimmer, schloß die Fenster und machte Feuer in dem *Schruns' Gästeliste*

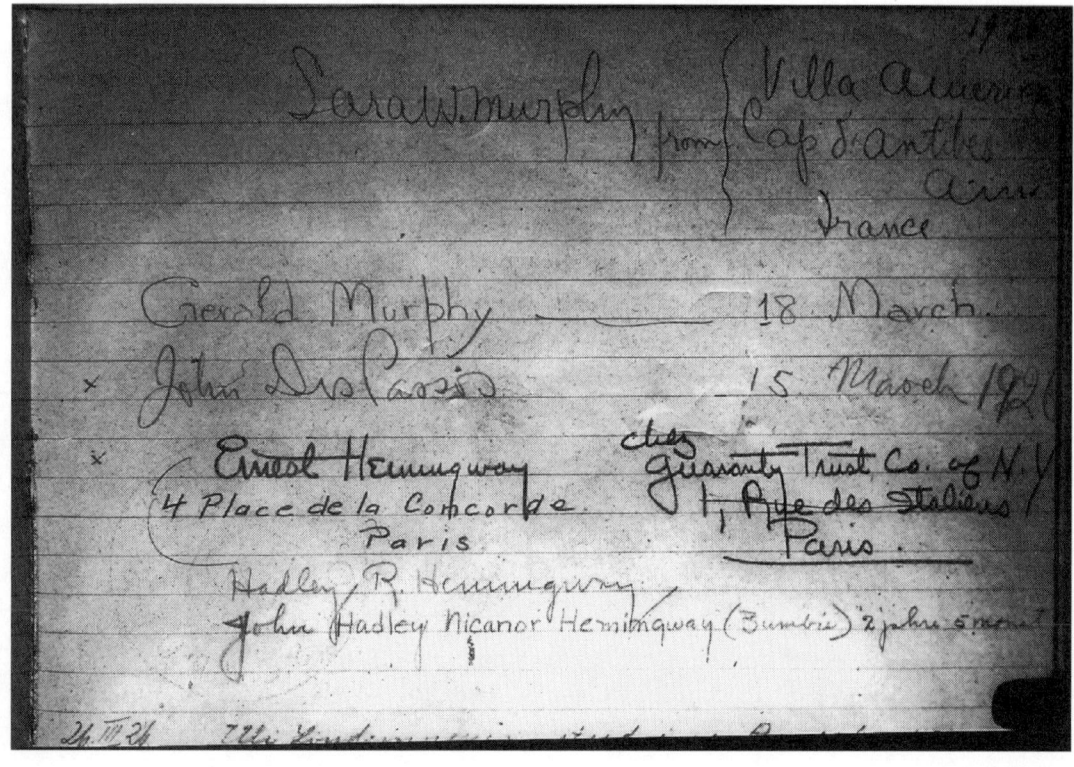

großen Kachelofen. Dann wurde das Zimmer warm, es gab Frühstück, frisches Brot oder Toast mit köstlichen Marmeladen und große Tassen mit Kaffee, frische Eier und guten Schinken, wenn man welchen wollte.

Schruns war ein guter Platz zum Arbeiten. Ich weiß es, denn dort hatte ich im Winter 1925/26 das Schwierigste an Umschreiben vor, das ich je gemacht habe, als ich die erste Fassung von *Fiesta*, die ich auf einen Sitz in sechs Wochen geschrieben hatte, zu einem Roman umarbeitete. Ich kann mich nicht erinnern, welche Short Stories ich dort schrieb. Aber es waren mehrere, die gut ausfielen.

Auf dem Nachttisch:

John Dos Passos,
Die schönen Zeiten.
Jahre mit Freunden und
Fremden
Ernest Hemingway,
Fiesta

D a haben wir diese hübschen Siebensachen alle beieinander im Blickfeld – die Komposition macht nicht einmal mehr soviel Mühe, wie Kinder sie mit dem Baukasten haben. In angenehmer Faulheit setzen wir das prächtige Gemälde zusammen: zuerst die Feigenbäume, die in Terrassen gemächlich zum Ionischen Meer hinabschreiten; dann dieses Stück Wasser mit dem vom Gymnasium geweihten Namen. Wir sehen ganz genau hin, wie man es nur tut, wenn der Name ganz berühmt ist. Da liegt, was er bezeichnet: ein grüner Samt in schweren Falten, dort ist er weißlich-blau, dort eher ein heller Fleck. Man macht nicht von jedem Wasser soviel her, und nicht jeder Berg ist eingehüllt in Poesie. Dieser hier trieft davon, und noch die Aetna-Lebensversicherung ist poetisch – solange nicht ein wirkliches Feuer die semantische Herrlichkeit auffrißt. Aetna war im April ein schneeweißes Dreieck; mit dunkler Kraterspitze lag es auf dem lavageschwärzten Bergrücken.

Genauso respektlos wie der illustren Hotelaussicht gegenüber verhält sich Ludwig Marcuse bei seinem Sizilienurlaub im Jahre 1928 gegen den »gut angezogenen, höflichen, prachtvoll erzogenen jungen Mann«, dessen unfreiwilliger Tischnachbar er wurde. Da wußte er allerdings noch nicht, daß er einen Kaiserenkel vor sich hatte, und hielt es für einen besonders gelungenen Spaß, den feinen Jüngling als Prinzen anzureden.

Der Jüngling vom Abend zuvor trat liebenswürdig-zeremoniell auf uns zu und bat, an unserm Tisch essen zu dürfen. Ich war faul, wollte keine Konversation – und sagte »Ja«, in einer jener Vergewaltigungen, die man sich selbst antut, und rächte mich dafür

Hotel Belvedere
**79 Via Bagnoli Croci
I–98039 Taormina**
Tel.: 0039/942/23 791
Fax: 0039/942/62.58.30
48 Zimmer
DZ ab 110.000 Lire

Ludwig Marcuse

kleinlich. In jenen Tagen wanderte ein Doktor Ritter mit seiner Dame nach den Galapagos-Inseln aus, um wie Robinson Crusoe zu leben. Ich wurde also schwer dafür bestraft, daß ich ihm nicht gefolgt war. Und revanchierte mich mit schlechtem Benehmen. Schlürfte meine Suppe, sah nicht hoch – und als sich der Fremdling den billigsten Aetna-Wein kommen ließ, blödelte ich (aus Assoziationen heraus, die nachträglich nicht schwer zu rekonstruieren sind): »Das ist alles? Da wird man Ihnen den Prinzen nicht glauben.«

Der Portier klärt den ungehobelten Gast schließlich über seinen Konversationspartner auf:

»Übrigens, wer ist der junge Herr, der an unserem Tisch aß?« Lachen, wie über einen schlechten Witz. »Ihr Freund!« »Ich kenne ihn nicht.« »Sie sind zusammen gekommen!« »Zufall.« »Er hat mir streng verboten, seinen Namen preiszugeben.« Ich wartete auf den Vertrauensbruch, den ich im voraus honorierte, mit Grandezza – und sagte außerdem noch, gewissermaßen aus Menschenliebe: »Ich nehme das Geheimnis ins Grab.« Er hauchte ehrerbietig: »Seine Königliche Hoheit, der Prinz Louis Ferdinand von Preußen.« Ich zuckte resigniert die Schultern: »Ach so.« So haarscharf trifft man nur, wenn man nicht gezielt hat.

Die beiden wurden unzertrennlich. Marcuse machte dem jungen Kaisersproß Karl Marx schmackhaft, bis dieser mit dem Gedanken spielte, seine Doktorarbeit über ihn zu schreiben, sprach ihn zur Empörung der deutschen Ferienkolonie mit »Lulu« an, und die beiden stellten gemeinsam das Kaiserreich wieder her:

Er war Monarch, wir stellten wieder einmal ein Kabinett zusammen. Fest stand bisher nur, daß unser Piccolo, der uns jeden Mittag die besten Bissen auf den Teller schob, Ernährungsminister werden würde. Ein Piemontese mit langem Bart am Nebentisch erinnerte uns so sehr an den Admiral von Tirpitz, daß wir nicht umhin konnten, ihm die deutsche Flotte zu unterstellen, die vorläufig noch auf dem Boden des Meeres lag. Der Kern unserer Konflikte war mein Posten: er wollte mir durchaus das Kultusministerium aufdrängen. Ich aber, ein gelernter Nietzscheaner, flehte ihn an: »Sire, geben Sie mir das Kriegsministerium! Ich will die Kultur nicht nur feiern. Ich brauche, Sire, wirklich sehr starke Argumente – allein schon, um die deutschen Lesebücher zu reinigen.« Für solche Ideen war er noch zu jung. Aber wir lachten, wie Wilhelm I. und Bismarck bestimmt nie zusammen gelacht haben. Da stand plötzlich Ernst Toller vor uns. Tableau! Der Zufall ist der beste Stücke-Schreiber.

Ich sagte: darf ich zwei gute Freunde von mir bekannt machen:
Ernst Toller (weiland Mitglied der Münchner Räte-Republik) –
und Lulu (weiland Seine Königliche Hoheit, Prinz Louis Ferdinand von Preußen). Dem jungen Hohenzollern war der Name
meines anderen Freundes vage bekannt, er assoziierte wohl: noch
röter ... gab ihm höflich, freundlich die Hand und dachte wahrscheinlich: lustige Ferien. Das aber dachte der andere ganz und gar
nicht. Er war mit seinem Verleger Landshoff (vom Kiepenheuer
Verlag) und mit Freund Kesten in Nord-Afrika gewesen – und nun
plötzlich in eine Situation geraten, die ihn alarmierte. Nie wieder
kam mir im Leben ein so schöner bedingter Reflex vor Augen.

Louis Ferdinand,
Prinz von Preußen

Ernst Toller

Man konnte es Tollers Körper ansehen, wenn er in Kriegszustand ging. Sein Blut floß sichtbar, noch unter der gebräunten Haut. Die Muskeln schwollen bedenklich zu Klumpen, vor allem im Gesicht. Der ganze Mann war ein einziger Ladestock. Ich war sehr betroffen; denn ich hatte ihn sehr gern. Lulu sagte, leichthin: »Sie würden uns eine große Freude machen, Herr Toller, wenn Sie zum Kaffee kämen.«

Er kam. Wir lachten nun zu dritt.

Die Ferien mögen amüsant gewesen sein, die Unterweisung in Marxismus hingegen war offenbar nicht sehr eindrucksvoll. In der 24 Jahre später erschienenen Autobiographie des Hohenzollernchefs *Als Kaiserenkel durch die Welt* wird Taormina mit einem Satz gewürdigt (»Ich fuhr nach Taormina auf Sizilien«), und der Name Marx taucht einmal auf: als vom Reichskanzler Wilhelm Marx die Rede ist.

Auf dem Nachttisch:
Ludwig Marcuse,
*Mein Zwanzigstes
Jahrhundert. Auf dem Weg zu
einer Autobiographie*

Erika und Klaus Mann lernten Tokyo auf ihrer Weltreise im Jahre 1928 kennen und waren wenig begeistert von der »zähesten und häßlichsten Metropole der Welt«, die nach dem Erdbeben von 1923 noch nicht wieder aufgebaut war. Auch während ihres Aufenthaltes im Imperial versuchte die Natur, »diese mächtige und unerfreuliche Stadt zu zerstören«:

Tokyo
Hotel Imperial

Erika und Klaus Mann

U nvergeßlich grausige Situation: es ist nachts zwei, Hunde heulen und die Sirenen dazu, im Hotel ist schon Panik zu spüren. Was für infame Geräusche, Knistern, Krachen und Zittern. Es gibt einen Riß in der Wand. Kleiner Vorgeschmack des Weltuntergangs; lieber nicht noch mal!

So war es nicht ganz freiwillig, daß sie mehrere Monate im Imperial blieben, dessen Preise »ebenso absurd wie die maurische Fassade des Prunkbaus« waren, denn wieder einmal saßen sie fest, weil das Geld zur Abreise fehlte.

Wir blieben in Tokio viel, viel länger, als geplant war – und man ahnt schon warum. Wir hatten allen Anlaß, uns oft und gründlich »zusammenzusetzen«, alles Menschenmögliche zu erwägen. Endlich war es der ehrwürdige S. Fischer-Verlag, der als helfender Engel fungierte.

Hotel Imperial
1–1, Uchisaiwai–cho
1–chome, Chiyoda–ku
Tokyo 100
Japan
Tel.: 0081/3/35.04.11.11
Fax: 0081/3/35.81.91.46
1059 Zimmer, 66 Suiten
DZ ab 42.000 Yen

Inzwischen ließen wir es uns eigentlich nicht schlecht gehen, das
Imperial-Hotel war ein kurioser, aber lustiger Aufenthaltsort.
Vom extravaganten Hirn eines Amerikaners ersonnen, hat es was
von einer Operndekoration – Witzbolde behaupten, es sei stark
von »Aïda« beeinflußt –, die Badezimmer gleichen ägyptischen
Grabkammern, das elektrische Licht ist spärlich, freilich wir-
kungsvoll, verteilt.

**Als sie wieder Bewegungsfreiheit ertelegraphiert hatten, kehrten sie
Tokyo »ohne Kümmernis« den Rücken.**

Auf dem Nachttisch:

Erika und Klaus Mann,
Rundherum

Klaus Mann,
Der Wendepunkt

In Wolfgang Hermanns Erzählung *Nachtasyl* folgt ein junger österreichischer Schriftsteller im Juni 1988 der Einladung zu einer literarischen Preisverleihung nach Triest und genießt für drei Tage mit gemischten Gefühlen das Leben in einer Nobelherberge.

Triest
Hotel Duchi d'Aosta

Wolfgang Hermann

Triest, Piazza dell'unità: dieser südliche Vorposten des kaiserlich-königlichen Österreich läßt glauben, man ginge am Wiener Ring spazieren. Das kann für einen längst landesflüchtig gewordenen Österreicher ein nicht immer angenehmes Gefühl sein. Wien am Meer: das ist andererseits der endlich in Erfüllung gegangene Traum des Österreichers.

Das Duchi d'Aosta, das eleganteste Hotel in Triest, läßt eine Fensterfront direkt auf die Piazza dell'unità blicken. Einen Schritt über der Schwelle dieses Hotels und ich weiß, daß ich einen Tempel betreten habe. Hier also werde ich drei Tage und drei Nächte verbringen, ich, der Bub aus der österreichischen Provinz. Mir ist, als müsse es sich um einen Irrtum handeln. Doch der Portier an der Rezeption nickt, als ich meinen Namen sage, blickt in seine Liste, händigt dem Pagen meinen Schlüssel aus. Ich gehöre also dazu, es ist entschieden. Man hat mich wiedererkannt, meine Identität ist bestätigt. Mein Herz flutet über vor Dankbarkeit für meinen Gastgeber, den Münchner Zeitungsbaron B. Ihm haben ich und zwanzig andere drei Tage und drei Nächte in einem Hotel zu verdanken, in dem abzusteigen für unsereinen im allgemeinen nicht vorgesehen ist.

Hotel Duchi d'Aosta
Piazza dell'unità d'Italia 2
I–34100 Triest
Tel.: 0039/40/7351
Fax: 0039/40/36.60.92
52 Zimmer,
DZ ab 310.000 Lire

Wolfgang Hermann

Auf dem Nachttisch:

Wolfgang Hermann,
Paris Berlin New York

Als ich dem Pagen folgen möchte, sagt eine freundliche Stimme meinen Namen, und ich drehe mich um. »Guten Tag«, sagt der Mund eines Mannes im Anzug, Boss würde ich sagen, »ich bin der Sekretär von Herrn B. Herzlich willkommen in unserer Freundesgesellschaft! Schön, daß Sie kommen konnten. Hatten Sie einen angenehmen Flug?« »Danke, ich kann nicht klagen. Ein bißchen Kopfweh vom Landeanflug, aber das gibt sich«. »Ja, diese kleinen Maschinen sind so eine Sache«, sagt der Sekretär mit wissendem Ausdruck. »Oh, ich muß Sie Herrn B. vorstellen. Kommen Sie!« Herr B. ist ein freundlicher Mann, er heißt mich herzlich willkommen in der Freundesgesellschaft. Ich fühle mich ein wenig wie Wilhelm Meister, für den die Turmgesellschaft schon manches Abenteuer vorbereitet hat. Herr B. nimmt mich beim Arm und führt mich zu einer Runde weißhäuptiger Damen und Herren. Ich schüttle mit gebotener Höflichkeit die Hände von Berühmtheiten. Diese Berühmtheiten sind nicht so berühmt wie Madonna, dafür sind ihre Augen gut und weise, und sie freuen sich über meine Jugend. In einem Winkel stehen etwas verschreckt und in schrägen Anzügen zwei junge Männer. Man sagt mir, daß es österreichische Nachwuchsdichter sind. Ich gehe also zu ihnen und schüttle Hände. Ihre ein wenig unberechenbaren Blicke erinnern mich an so vieles, das ich dort, in diesem Land zurückließ, und ich weiß schon jetzt, daß wir keine engen Freunde werden. Wahrscheinlich werden sie meine Zurückhaltung für Arroganz halten, dieses Risiko gehe ich ein.

In den folgenden drei Tagen wird unsere Freundesgesellschaft von einem herrlichen Weinschloß zum andern, von einem erlesenen Restaurant zum nächsten pilgern, schließlich auf Schloß Duino mit Fürst und Fürstin Thurn und Taxis speisen, man wird im Garten des Schlosses, wo Rilke sich erging, der Lesung von Poemen lauschen und im Festsaal einem großen französischen Dichter den Preis der Freundesgesellschaft überreichen. Die Nächte werden angefüllt sein mit Gesprächen in der Bar des Duchi d'Aosta, und je nach Alter, die Ältesten zuerst, die Jüngsten und Junggebliebenen zuletzt, wird man sich noch für eine kleine Handvoll Stunden in die seidenen Betten legen, viel zu groß für einen jungen Mann, der von einem kaltäugigen italienischen Mädchen träumt, das ihn vor zwei Nächten in einem anderen Leben mitten in der Nacht aus der Wohnung im Pariser Stadtteil Le Marais warf. Wird sich meine von der seidenen Bettwäsche des Duchi d'Aosta im Golf von Triest verwöhnte Haut je wieder an die spartanischen Dachkammerbetten des Hotel de l'Aveyron in der Rue d'Austerlitz gewöhnen, mitten im Niemandsland zwischen der Gare de Lyon und der Gare d'Austerlitz?

Vom 2. Mai bis zum 2. Juni 1911 hält sich Thomas Mann mit seiner Frau im Hôtel des Bains auf dem Lido auf. Während er hier einen Aufsatz über Richard Wagner verfaßt, erlebt er »eine Reihe kurioser Umstände und Eindrücke«, die er im folgenden Herbst zu seiner Novelle *Tod in Venedig* verarbeiten wird: »Eine recht sonderbare Sache, die ich aus Venedig mitgebracht habe, Novelle, ernst und rein im Ton, einen Fall von Knabenliebe bei einem alternden Künstler.« Und seine Frau Katia berichtet in ihren *Ungeschriebenen Memoiren*, daß »sämtliche Einzelheiten der Erzählung passiert und erlebt sind«.

Venedig
Hôtel des Bains

Thomas Mann

E r betrat das weitläufige Hotel von hinten, von der Gartenterrasse aus, und begab sich durch die große Halle und die Vorhalle ins Office. Da er angemeldet war, wurde er mit dienstfertigem Einverständnis empfangen. Ein Manager, ein kleiner, leiser, schmeichelnd höflicher Mann mit schwarzem Schnurrbart und in französisch geschnittenem Gehrock, begleitete ihn im Lift zum zweiten Stockwerk hinauf und wies ihm sein Zimmer an, einen angenehmen, in Kirschholz möblierten Raum, den man mit stark duftenden Blumen geschmückt hatte und dessen hohe Fenster die Aussicht aufs offene Meer gewährten. Er trat an eins davon, nachdem der Angestellte sich zurückgezogen, und während man hinter ihm sein Gepäck hereinschaffte und im Zimmer unterbrachte, blickte er hinaus auf den nachmittäglich menschenarmen Strand und die unbesonnte See, die Flutzeit hatte und niedrige, gestreckte Wellen in ruhigem Gleichtakt an das Ufer sandte.

Er wandte sich endlich, badete sein Gesicht, traf gegen das Zimmermädchen einige Anordnungen zur Vervollständigung seiner Bequemlichkeit und ließ sich von dem grüngekleideten Schweizer, der den Lift bediente, ins Erdgeschoß hinunterfahren.

Hôtel des Bains
Lungomare Guglielmo Marconi 17
I–30126 Venedig
Tel.: 0039/41/526.59.21
Fax: 0039/41/526.01.13
191 Zimmer, 15 Suiten
DZ ab 400.000 Lire

Er nahm seinen Tee auf der Terrasse der Seeseite, stieg dann hinab und verfolgte den Promenadenquai eine gute Strecke in Richtung auf das Hotel Excelsior. Als er zurückkehrte, schien es schon an der Zeit, sich zur Abendmahlzeit umzukleiden. Er tat es langsam und genau, nach seiner Art, da er bei der Toilette zu arbeiten gewöhnt war, und fand sich trotzdem ein wenig verfrüht in der Halle ein, wo er einen großen Teil der Hotelgäste, fremd untereinander und in gespielter gegenseitiger Teilnahmslosigkeit, aber in der gemeinsamen Erwartung des Essens, versammelt fand. Er nahm eine Zeitung vom Tische, ließ sich in einen Ledersessel nieder und betrachtete die Gesellschaft, die sich von derjenigen seines ersten Aufenthaltes in einer ihm angenehmen Weise unterschied.

Ein weiter, duldsam vieles umfassender Horizont tat sich auf. Gedämpft vermischten sich die Laute der großen Sprachen. Der weltgültige Abendanzug, eine Uniform der Gesittung, faßte äußerlich die Spielarten des Menschlichen zu anständiger Einheit zusammen. Man sah die trockene und lange Miene des Amerikaners, die vielgliedrige russische Familie, englische Damen, deutsche Kinder mit französischen Bonnen. Der slawische Bestandteil schien vorzuherrschen. Gleich in der Nähe ward polnisch gesprochen.

Es war eine Gruppe halb und kaum Erwachsener, unter der Obhut einer Erzieherin oder Gesellschafterin um ein Rohrtischchen versammelt: drei junge Mädchen, fünfzehn- bis siebzehnjährig, wie es schien, und ein langhaariger Knabe von vielleicht vierzehn Jahren. Mit Erstaunen bemerkte Aschenbach, daß der Knabe vollkommen schön war. Sein Antlitz, bleich und anmutig verschlossen, von honigfarbenem Haar umringelt, mit der gerade abfallenden Nase, dem lieblichen Munde, dem Ausdruck von holdem und göttlichem Ernst, erinnerte an griechische Bildwerke aus edelster Zeit, und bei reinster Vollendung der Form war es von so einmalig persönlichem Reiz, daß der Schauende weder in Natur noch bildender Kunst etwas ähnlich Geglücktes angetroffen zu haben glaubte.

Luchino Visconti mit Dirk Bogade bei Dreharbeiten zu »Tod in Venedig« im Hotel des Bains

Auf dem Nachttisch:
Thomas Mann,
Der Tod in Venedig

George Sand und Alfred de Musset fahren im Dezember 1833 als Liebespaar nach Venedig und kehren getrennt nach Paris zurück. Was ist geschehen im Hotel Danieli, daß Tout-Paris vom Skandal von Venedig spricht?

1. Akt
In den ersten Januartagen des Jahres 1834 spaziert der junge Arzt Pietro Pagello am Quai des Esclavons entlang und sieht in der ersten Etage des Albergo Danieli

eine junge Frau sitzen, mit melancholischem Gesichtsausdruck, tiefschwarzem Haar und zwei Augen, in denen sich Entschlossenheit und Männlichkeit spiegelten. Ihr Aufzug war recht eigenartig. Ihr Haar war unter einem scharlachroten Schal verborgen, den sie zu einem kleinen Turban geschlungen hatte. Am Halse trug sie eine Krawatte, die hübsch an einem schneeweißen Kragen festgebunden war, mit der Lässigkeit eines Soldaten rauchte sie eine Paquitos und unterhielt sich mit einem jungen blonden Mann.

2. Akt
Die Verbindungstür zwischen George Sand und Alfred de Mussets Hotelzimmern wird geschlossen. George Sand:

An einem bestimmten Abend, den ich niemals vergessen werde, sprachst du im Casino Danieli die schrecklichen Worte: George, ich habe mich getäuscht, ich bitte dich um Verzeihung, aber ich liebe dich nicht. Wäre ich nicht krank gewesen, hätte man mich am nächsten Tag nicht zur Ader lassen müssen

George Sand
Alfred de Musset

Hotel Danieli
Riva degli Schiavoni 4191, Castello
I–30122 Venedig
Tel.: 0039/41/522 64 80
Fax: 0039/41/520 02 08
222 Zimmer, 9 Suiten
DZ ab 612.500 Lire

George Sand

Alfred de Musset

– ich wäre abgereist… Die Tür zwischen unseren Zimmern wurde geschlossen, und wir haben versucht, wieder wie früher als gute Kameraden miteinander zu leben.

3. Akt
Pietro Pagello wird an Georges Krankenbett geholt. Pietro Pagello:

Sie saß auf einem Stühlchen, den Kopf leicht auf die Hand gestützt … aber ein Vorgefühl – ob süß oder bitter, weiß ich nicht – sagte mir: du wirst diese Frau wiedersehen, und sie wird dich beherrschen.

4. Akt
Auch Alfred erkrankt.
Die Dichterin und der Arzt pflegen ihn. Nach einer gemeinsam durchwachten Nacht am Krankenbett erhält Pietro von George einen Brief, in dem es heißt:

Werde ich Deine Gefährtin oder Deine Sklavin sein? Begehrst du mich oder liebst du mich? Wenn Deine leidenschaftliche Begierde befriedigt ist, wirst Du mir dann danken? Wenn ich dich glücklich gemacht habe, wirst Du es mir sagen? Weißt du eigentlich, wer ich bin? Und beunruhigt es Dich, es nicht zu wissen? Bin ich für Dich etwas Unbekanntes, was Du zu entdecken suchst oder bin ich für Dich nichts als eine Frau, die denjenigen gleicht, die in einem Harem fett werden? Ich glaube, in Deinem Auge einen göttlichen Funken glimmen zu sehen. Wird er nur entzündet von der Begierde, die diese Art von Frauen befriedigen können? Kennst Du die Sehnsucht der Seele? Sie kann durch unsere Sinne nicht gestillt werden und menschliche Zärtlichkeit kann sie weder einschläfern noch verringern.

Der 5. Akt – Versöhnung, erneute und endgültige Trennung – wird in Paris stattfinden, wohin Musset vorzeitig alleine abgereist ist.
    Jahre nach dem Tod Mussets wird George Sand im Roman *Sie und Er* ihre Version der Geschehnisse erzählen und die Pariser Gesellschaft in Mussetisten und Sandisten spalten. Mussets Bruder Paul antwortet darauf mit dem Roman *Er und Sie*, und eine ehemalige Geliebte vesucht, ihn mit dem Roman *Er* zu verteidigen. Der Schauplatz des Geschehens in Venedig kann gemietet werden: Das Eckzimmer mit der Nummer 10 mit Blick auf die Riva.

Auf dem Nachttisch:
George Sand,
Sie und Er
Nimm Deinen Mut in beide Hände. Briefe
Alfred de Musset,
Correspondance

»Ich kann nicht glauben, daß in irgendeinem Märchen um irgendeine Frau mehr und verzweifelter gekämpft worden ist als um dich in mir, seit dem Anfang und immer von neuem und vielleicht für immer«, schreibt Kafka in sein Tagebuch.

Die erste Episode dieses vorwiegend epistolaren Kampfes findet am 15. September 1913 im Hotel Sandwirth ein Ende. Nach über zweihundert Briefen und Karten schreibt Kafka an seine spätere Verlobte Felice Bauer einen vorläufigen Abschiedsbrief:

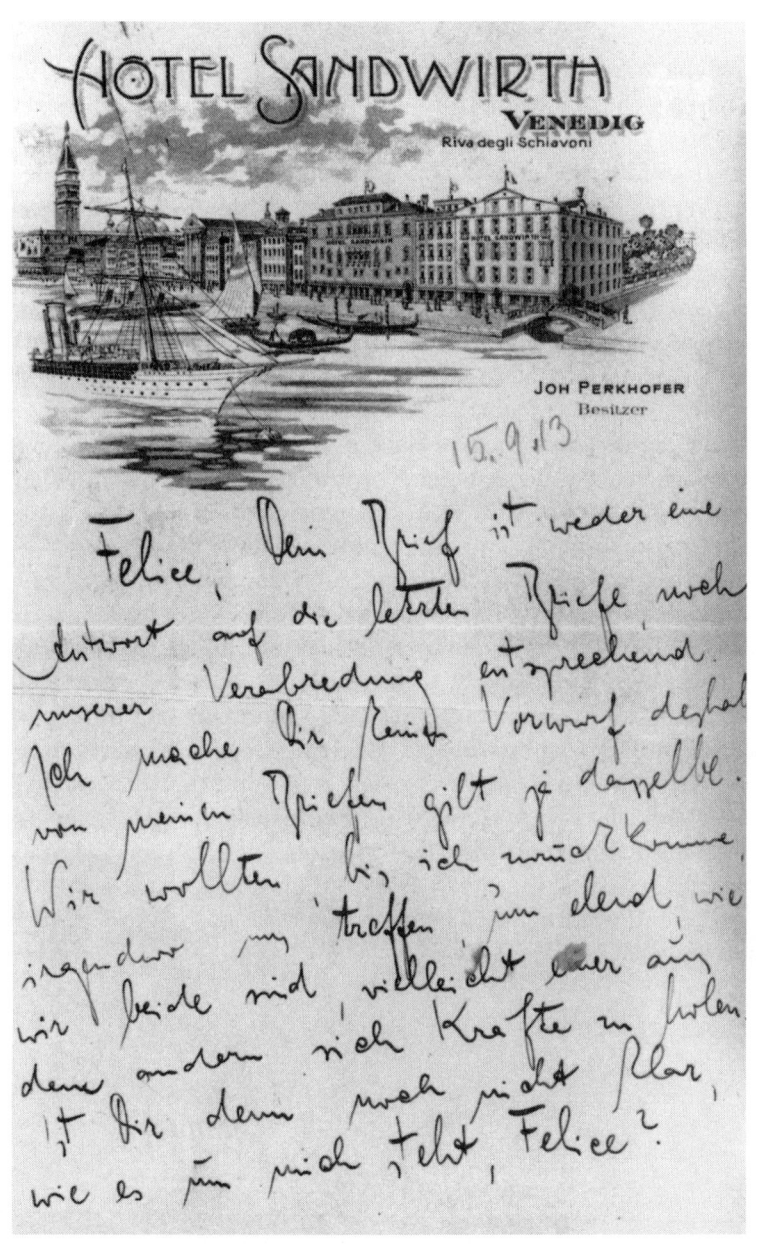

Venedig
Hotel
Gabrielli Sandwirth

Franz Kafka

Hotel Gabrielli Sandwirth
Riva degli Schiavoni 4110
I–30124 Venedig
Tel.: 0039/41/523.15.80
Fax: 0039/41/520.94.55
98 Zimmer,
DZ ab 420.000 Lire

159

Franz Kafka,
etwa 1917

Felice, Dein Brief ist weder eine Antwort auf die letzten Briefe, noch unserer Verabredung entsprechend. Ich mache Dir keinen Vorwurf deshalb, von meinen Briefen gilt ja dasselbe. Wir wollten, bis ich zurückkomme, irgendwo uns treffen, um elend, wie wir beide sind, vielleicht einer aus dem andern sich Kräfte zu holen. Ist Dir denn noch nicht klar, wie es um mich steht, Felice? Wie kann ich denn in meinem unglückseligen Zustand Deinem Vater schreiben? Eingesperrt von den Hemmungen, die Du kennst, kann ich mich nicht rühren, ich bin gänzlich, gänzlich außerstande, die innern Hindernisse niederzudrücken, das einzige was ich gerade noch imstande bin, ist grenzenlos unglücklich darüber zu sein. Ich könnte Deinem Vater schreiben, gänzlich einverständlich mit Dir und ganz aus meinem Herzen, aber bei der geringsten Annäherung der geringsten Realität wäre ich unbedingt wieder außer Rand und Band und würde ohne Rücksicht, unter dem unwiderstehlichsten Zwang das Alleinsein zu erreichen suchen. Das könnte nur in ein noch tieferes Unglück führen als zu dem, bei dem wir heute halten, Felice. Ich bin hier allein, rede fast mit keinem Menschen außer den Angestellten in den Hotels, bin traurig, daß es fast überläuft, und bin doch, das glaube ich zu fühlen, in dem mir entsprechenden, von einer überirdischen Gerechtigkeit mir zugemessenen, von mir nicht zu überschreitenden und bis zu meinem Ende weiter zu tragenden Zustand. Nicht daß ich »zuviel von mir aufgeben müßte«, hindert mich, wenn dies auch in einem gewissen eingeschränkten Sinn richtig ist, vielmehr liege ich ganz und gar auf dem Boden, wie ein Tier, dem man (auch ich nicht) weder durch Zureden noch durch Überzeugen beikommen kann, wenn ich mich auch beiden und besonders dem letzteren nicht ganz entziehen kann. Ich kann mich aber nicht vorwärtsbringen, ich bin wie verstrickt, reiße ich mich vorwärts, reißt es mich stärker wieder zurück. Das ist die einzige Klarheit und Offenheit, die man heute von mir bekommen kann. Als ich heute früh aus dem Bett in den klaren venezianischen Himmel sah und solche Gedanken mir durch den Kopf gingen, schämte ich mich genug und war unglücklich genug. Aber was soll ich tun, Felice? Wir müssen Abschied nehmen. *Franz*

Auf dem Nachttisch:
Franz Kafka,
Briefe an Felice

Hemingways Urteil über Venedig ist deutlich: »absolut gottverdammt wunderbar«, und das Gritti war für ihn »das beste Hotel am Ort«.

Hier stieg er ab, wann immer er in die Lagunenstadt kam, so auch 1949, wie es seine Frau Mary in ihrer Autobiographie berichtet:

Im Gritti hat man uns zum Empfang ein großes knisterndes Kaminfeuer im kleinen Winterspeisesaal angezündet, der Gran Maestro, etwas grauer geworden, strahlte, Renato, unser Zimmerkellner, war liebenswürdig wie eh und je, und die Pagen waren größer geworden. Wir hatten neue Zimmer, 115 und 116, der Salon mit Blick auf die Traghetto-Mole und die kleine Hütte der Gondolieri, während die Fenster des einen Schlafzimmers auf den Canale Grande hinausgingen. Und dazu gehörten zwei Bäder.

18.10.1949. Wir sind im alten Palazzo des Conte Gritte, mit einem ausladenden Kronleuchter aus venezianischem Glas, in einem riesigen, unbequemen Zimmer genau gegenüber von Santa Maria della Salute am Canale Grande.

Mitte März fuhren wir kurz nach Venedig und wohnten in unserem alten Zimmer im Gritti – neue weiße Seidenvorhänge, rosenweich gebügelte Bettwäsche, kuschelige Kissen, und der Kronleuchter glänzte.

Hemingway erweist seinem venezianischen Lieblingshotel die Ehre, indem er den Helden seines Romans *Über den Fluß und in die Wälder* hier ein- und ausgehen läßt. Colonel Richard Cantwell verbringt im Gritti die letzten drei Tage seines Lebens, hält Rückschau auf sein Leben und den Zweiten Weltkrieg und erlebt seine letzte Liebe:

Jetzt lag die Gondelüberfahrtstelle von Santa Maria del Giglio vor ihnen, und dahinter war der hölzerne Anlegesteg des Gritti.

Venedig
Gritti Palace
Locanda Cipriani
(Torcello)

Ernest Hemingway

»Früher war das der Palast eines großen Venezianers, des Dogen Andrea Gritti. Jetzt ist es ganz einfach das beste Hotel in Venedig – das heißt, wenn man in einem luxuriösen Ambiente leben möchte, ohne ständig von übereifrigem Personal belästigt zu werden.«
(Hemingway)

Gritti Palace
Campo Santa Maria del Giglio, 2467
I–30124 Venedig
Tel.: 0039/41/522.60.44
Fax: 0039/41/520.09.42
87 Zimmer, 6 Suiten
DZ ab 540.000 Lire

»Das ist das Hotel, in dem wir wohnen, Jackson.«

Der Colonel wies auf den dreistöckigen, rosenfarbenen, hübschen kleinen Palazzo, der an den Kanal grenzte. Es war eine Dépendance vom Grand Hotel gewesen, aber jetzt war es ein selbständiges Hotel, und zwar ein sehr gutes. Wahrscheinlich war es das beste in einer Stadt erstklassiger Hotels, wenn man Kriecherei und Getue und Lakaienwirtschaft nicht mochte, und der Colonel liebte es.

»Sieht mir okay aus, Sir«, sagte Jackson.

»Es *ist* okay«, sagte der Colonel.

Die Bar war direkt gegenüber vom Vestibül des Gritti, obschon Vestibül eigentlich nicht die richtige Bezeichnung war, um jene graziöse Eingangshalle zu beschreiben, dachte der Colonel. Hat denn Giotto nicht einen Kreis beschrieben? dachte er. Nein, das war in Mathematik.

Die Anekdote über jenen Maler, an die er sich erinnerte und die er am liebsten hatte, war folgende: »Das war leicht«, sagte Giotto, als er einen vollkommenen Kreis beschrieb.

»Wer, zum Teufel, hatte das nur erzählt und wo?«

»Guten Abend, Herr Staatsrat«, sagte er zu dem Barmixer, der kein vollzählendes Ordensmitglied war, den er aber nicht kränken wollte. »Was kann ich für Sie tun?«

»Trinken, *my Colonel.*«

Der Colonel sah aus den Fenstern und durch die Tür der Bar auf das Wasser des Canale Grande. Er konnte den großen schwarzen Pfahl, an dem die Gondeln festmachten, sehen und das spätnachmittägliche Winterlicht auf dem windgepeitschten Wasser. Auf der anderen Seite des Kanals war das alte Palace, und ein Holzkahn kam schwarz und breit den Kanal herauf, sein dumpfer Bug warf eine Welle auf, obschon der Wind von hinten kam.

»Geben Sie mir einen Martini, extra dry«, sagte der Colonel. »Einen doppelten.«

Geschrieben wurde der Roman zu großen Teilen auf Torcello in der Locanda Cipriani, jenem Hotel, in dem Truman Capote von solchem Heimweh befallen wurde, daß er dem Koch Kartoffeln brachte, damit er ihm *baked Idahoes potatos* zubereitete; ein Auftrag, der ihn überforderte.

In der Locanda erinnert heute ein Hemingway-Zimmer, im Gritti eine ganze Suite an den prominenten Gast.

Auf dem Nachttisch:
Ernest Hemingway,
*Über den Fluß
und in die Wälder*

Dieses Hotel ist ein Quell von Mythen, ein Ort, den die poesiebegeisterte Jugend in einen Altar verwandeln und mit Blumen schmücken müßte. Dichter unterschiedlichster Art und verschiedenster Sprachen lebten hier, und durch die Spannung zwischen ihren Kraftströmen wurde aus diesem außergewöhnlichen Städtchen, dessen Gewirr jäh am Wasser endet, ein wahres Lourdes, ein Mittelpunkt von Legenden und Erfindungen.

Immer wieder taucht in den späten Schriften Jean Cocteaus die mythenumwobene Zeit der zwanziger und dreißiger Jahre im Welcome auf. An der Mittelmeerküste erholte sich Cocteau erstmals von der Depression, in die ihn der frühe Tod seines Freundes Raymond Radiguet gestürzt hatte, und später kam er immer wieder, um zu arbeiten. Als er hörte, es sei zerstört worden – was ein Irrtum war –, wollte er es nicht wahrhaben: »Phantome bleiben von Bomben verschont.«

Ein verwunschenes Hotel war das Hotel Welcome in Villefranche. Man sah zur Rechten auf Nizza, zur Linken auf Monte Carlo und seine verlogene Architektur. Das Hotel Welcome aber war ganz einfach charmant und hatte, wie es schien, nichts zu befürchten. Seine Zimmer waren mit Ölfarbe gestrichen. Die vorgetäuschte italienische Perspektive der Fassade hatte man mit gelber Farbe übertüncht. In der Bucht ankerten Flottengeschwader. Fischer flickten Netze und schliefen in der Sonne.

In den Räumen des ehemaligen Klosters aus dem 17. Jahrhundert wurde gedichtet, gezeichnet, gemalt, komponiert, »es wurden Pläne ausgeheckt, man besuchte sich von Zimmer zu Zimmer«. Cocteau verfaßte hier sein Stück *Orpheus* und die Gedichtsammlung *Opera*, die für ihn »der

Villefranche-sur-mer
Hotel Welcome

Jean Cocteau

Hotel Welcome
1, quay Courbet
F–06230 Villefranche-
sur-mer
Tel.: 0033/93.76.76.93
Fax: 0033/93.01.88.81
32 Zimmer, DZ ab 630 FF

Jean Cocteau (rechts)
in seinem Hotelzimmer mit
Lucien Bérard (links) und
Marcel Khill

Inbegriff einer Epoche, der vom Welcome in Villefranche« war, und bemalte die Kapelle Saint Pierre gegenüber dem Hotel mit Fresken.

André Gide, Jean Genet, Somerset Maugham und Rebecca West gehörten ebenso zur »fröhlichen Horde« wie Evelyn Waugh, der hier *Island in the Sun* schrieb. Auch Klaus Mann ließ sich von der Atmosphäre im Welcome inspirieren. Er arbeitete an seinem Roman *Alexander*:

Mein Gepäck war belastet mit den Schriften des Homer, des Xenophon, des Aristoteles. Das Hotel Welcome in Villefranche-sur-mer, einer meiner Lieblingsaufenthalte, belebte sich mir mit den Schatten antiker Krieger, Philosophen und Hetären: Ich lebte mit Alexander, sein Schmerz um Kleitos, den spröden Freund, war auch der meine; ich mischte mich in sein Gespräch mit Aristoteles.

Cocteau bei der Arbeit
in der Sankt-Peters-Kapelle

Auf dem Nachttisch:
Jean Cocteau,
Orpheus
Opera
Klaus Mann, *Alexander.*
Roman der Utopie

164

Mai 1833. Auf seiner Mission zum exilierten französischen König Karl X. nach Prag wird Chateaubriand, der Außenminister des Schattenkabinetts, an der bayrisch-böhmischen Grenze aufgehalten. Er gerät in die Mühle des Metternichschen Polizeistaates, und auch die Berufung auf seine Vergangenheit als ehemaliger Minister und Gesandter ändert nichts daran, daß er für mehrere Tage in der kleinen Grenzstadt festgehalten wird. Während er in seiner Herberge auf den Passierschein wartet, stellt er aus lauter Langeweile Überlegungen an über die deutsche Zivilisation im allgemeinen und ihre Literatur im besonderen. Besonders angetan haben es ihm die sentimentalen Familienromane eines August Lafontaine, der sich zu jener Zeit hoher Beliebtheit erfreute. Am Beispiel seines Gastzimmers zeigt Chateaubriand, daß er die Technik der ausufernden Beschreibungen auch beherrschen würde, wenn er denn wollte:

D ie Zivilisation in Germanien hat seit meiner Reise nach Berlin Fortschritte gemacht: die Betten sind für einen Menschen von normalem Wuchs jetzt fast lang genug, aber die Überdecke ist immer noch an die Decke angenäht, und das Bettuch, das zu schmal ist, rollt sich zusammen und beult sich, so daß es einem sehr unangenehm wird; und da ich nun einmal in der Heimat von August Lafontaine bin, will ich seine Dichtungsart imitieren; ich werde die späteste Nachkommenschaft unterrichten über das, was sich zu meiner Zeit in dem Zimmer meiner Gaststätte in Waldmünchen vorfand. Erfahret also, daß dieses

Hotel Post
Marktplatz 9
D-93449 Waldmünchen
Tel.: 09972/14.16
10 Zimmer, DZ ab 45 DM

165

Chateaubriand;
unten Waldmünchen,
der Marktplatz um 1833

Zimmer ein großes Zimmer in italienischer Art war. Nackte, weiß getünchte Wände ohne Holztäfelung, ohne Tapete, unten mit breiter Leiste oder bunten Bändern. An der Decke ein Kreis aus drei Linien, ein Horn in blauen Rosetten mit einer Girlande aus schokoladefarbenen Lorbeerblättern und unter dem Hörnchen auf der Wand ein Laubwerk in roter Zeichnung auf einem Grund aus amerikanisch Grün. Hier und dort kleine gerahmte französische und englische Stiche. Zwei Fenster mit weißen Baumwollvorhängen, zwischen den Fenstern ein Spiegel. In der Mitte des Zimmers ein Tisch für mindestens zwölf Gedecke; geschmückt mit einem olivfarbenen Wachstuch, bedruckt mit Rosen und verschiedenartigen Blumen. Sechs Stühle, überzogen mit rotem, schottischkariertem Stoff. Eine Kommode, drei Sitzbänke rings um das Zimmer; in einer Ecke neben der Tür ein schwarzemaillierter Fayenceofen, dessen Seitenwände in Reliefs die bayerischen Wappen zeigen; er wird von einem Gefäß in Form einer gotischen Krone überragt. Die Tür ist mit einem komplizierten Eisenmechanismus versehen, der imstande ist, die Tore eines Gefängnisses zu schließen und die Nachtigallen der Liebenden sowie der Diebe zu verscheuchen. Ich empfehle den Reisenden dies treffliche Zimmer, wo ich dieses Inventar beschreibe, das mit dem des *Geizigen* wetteifert; ich lege es den zukünftigen Legitimisten, die von den Erben des roten Ziegenbockes in Haselbach verhaftet werden könnten, ans Herz. Diese Seite meiner Memoiren wird der modernen literarischen Schule Freude machen.

Auf dem Nachttisch:

Chateaubriand,
Erinnerungen

D er Kellner des Gasthauses Zum Elephanten in Weimar, *Mager*, ein gebildeter Mann, hatte an einem fast noch sommerlichen Tage ziemlich tief im September des Jahres 1816 ein bewegendes, freudig verwirrendes Erlebnis. Nicht, daß etwas Unnatürliches an dem Vorfall gewesen wäre; und doch kann man sagen, daß Mager eine Weile zu träumen glaubte.

Weimar
Hotel Elephant

Thomas Mann

Der Eintrag ins Gästebuch bestätigt seine Ahnung:

»Hofräthin Charlotte Kestner, geb. Buff, von Hannover, letzter Aufenthalt: Goslar, geboren am 11. Januar 1753 zu Wetzlar, nebst Tochter und Bedienung.«

»Genügt das?« fragte die Hofräthin; und da man ihr nicht antwortete, beschloß sie selbst: »Das muß genügen!«

»Um Vergebung!« sagte er. »Recht sehr um Vergebung, wenn meine Frage … Es ist nicht gemeine und unstatthafte Neugier, die

Hotel Elephant
Markt 19
D–99423 Weimar
Tel.: 03643/61471
Fax: 03643/65310
77 Zimmer, 25 Suiten
DZ ab 240 DM

… Sollten wir den Vorzug haben mit Frau Hofrätin Kestner, Madame Charlotte Kestner, der geborenen Buff, aus Wetzlar –?«

»Die bin ich«, bestätigte die alte Dame lächelnd.

»Ich meine … Sehr wohl, gewiß doch, aber ich meine, – es handelt sich also am Ende doch wohl nicht um Charlotte – auch kürzer Lotte – Kestner, geborene Buff aus dem Deutschen Hause, dem Deutschordenshause zu Wetzlar, die ehemalige …«

»Um eben die, mein Guter. Aber ich bin gar nicht ehemalig, ich bin hier sehr gegenwärtig und wünschte wohl, auf das mir zugewiesene Zimmer …«

Der Grund für die Aufregung: eben die Charlotte, die als Werthers Lotte in die Literaturgeschichte einging, ist im Begriffe, sich ins Register seines Hotels einzutragen. Was in Wirklichkeit nie geschah, malt sich Thomas Mann in seinem Roman *Lotte in Weimar* aus, indem er die 63jährige Lotte mit ihrem einstigen Verehrer Goethe zusammentreffen läßt.

»Im Augenblick«, rief der Marqueur und setzte sich in Eilschritt. »Das Zimmer, Numero siebenundzwanzig, mein Gott, es liegt über zwei Treppen. Sie sind bequem, unsere Treppen, wie Frau Hofrätin bemerken, aber hätten wir geahnt … Es hätte sich zweifelsohne trotz unserer Besetztheit … Immerhin, das Zimmer ist ansehnlich, es blickt vornheraus auf den Markt und dürfte nicht mißfallen.«

Innerhalb weniger Stunden ist die ganze Stadt unterrichtet über die Ankunft Charlotte Buffs. Ganz Weimar möchte die Heldin aus *Die Leiden des jungen Werther* sehen. Vor dem Hotel konnte die Polizei nur mit Mühe die Ordnung aufrechterhalten.

Allein auf ihrem Zimmer, schreibt sie an Goethe »mit eilender Hand und leicht zitterndem Kopfe die vorbereiteten Worte«:

»Verehrter Freund! Zu Besuch meiner Schwester mit meiner Tochter Charlotte auf einige Tage in Ihrer Stadt, ist es mein Wunsch, Ihnen mein Kind zuzuführen, wie es mich denn freuen würde, wieder in ein Antlitz zu blicken, das, während wir beide, ein jeder nach seinem Maße, das Leben bestanden, der Welt so bedeutend geworden ist. – Weimar, Hôtel zum Elephanten, den 22. September 16. – Charlotte Kestner geb. Buff.«

Auf dem Nachttisch:
Thomas Mann,
Lotte in Weimar

Nach 1933 bestiegen etliche Schriftsteller das »sinkende Schiff« Wien (Karl Kraus). Im Hotel Bristol wurde Klaus Mann Zeuge der geheimnisvollen Bande, wie sie sich nicht selten zwischen Schriftstellern und Hotelpersonal knüpft:

Karl Tschuppik suchte ich immer gleich im Bristol auf, wo er ständig logierte, wahrscheinlich ohne jemals zu bezahlen. Zwischen ihm und dem Portier des fashionablen Hotels bestand ein Einverständnis, dessen Geheimnis ich nur zu gern ergründet hätte. Indessen wurde von beiden Partnern vollkommene Diskretion gewahrt. Der Portier nannte den literarischen Dauermieter »Herr Baron« und verneigte sich tief vor ihm, während Tschuppik seinerseits dem Angestellten fast übernatürliche Kräfte zuzutrauen schien. Ob es sich um große Politik oder metaphysische Probleme handelte, Tschuppik verließ sich auf das Urteil des eingeweihten, allwissenden Portiers. Respekt und Zärtlichkeit, Ironie und Angst mischten sich in dem Lächeln, mit dem der Dichter seines Orakels und Protektors Erwähnung tat. Tschuppik war ein Dichter, einer aus der geistigen Familie des wunderbaren Peter Altenberg. Um ihn war poetische Luft. Die Poesie einer Stadt war in seinem humorvoll-melancholischen Blick, seiner nachlässigen Gebärde, seinem versonnenen Spott, der Kadenz seiner zugleich schlampigen und beschwingten Rede.

Tschuppik war nicht der einzige schwarze Passagier an Bord des Luxusdampfers. Auch der Kaffeehausliterat Anton Kuh, der sich schon im Berliner Hotel Adlon einen Namen als Schmarotzer gemacht hatte und der immer den richtigen Zeitpunkt fand, sich zu verabschieden, bevor die Zechrechnung kam, verschaffte sich dank Joseph Roth kostenlose Unterkunft. Irmgard Keun, die damalige Lebensgefährtin Roths, erzählt:

1945 brannte das alte Haus nieder; 1955, nachdem die US-Botschaft ausgezogen war, wurde das Luxushotel wiedereröffnet.

Hotel Bristol
Kärntnerring 1
A–1015 Wien
Tel.: 0043/1/51.51.60
Fax: 0043/1/51.51.65.50
134 Zimmer, 10 Suiten
DZ ab 3.700 ÖS

Er und Roth widerten sich an, weil sie sich gegenseitig durch-
schauten, und trotzdem hat ihm Roth die Möglichkeit verschafft,
umsonst im Hotel Bristol zu wohnen. Roth und ich mußten näm-
lich separate Zimmer mieten, weil wir kein gemeinschaftliches
bekamen. Roth blieb jedoch in meinem Zimmer und überließ Kuh
das seine, wo er wahrscheinlich für die Zeit unseres Aufenthalts
unentdeckt geblieben wäre. Nur hatte Kuh die Gewohnheit, nackt
durch die Korridore zu laufen; in dieser Verfassung überraschte
ihn einmal das Zimmermädchen, und er wurde hinausbefördert.

Auf dem Nachttisch:
   Klaus Mann,
Der Wendepunkt

Der imperiale Palast, der seit 100 Jahren die Regenten der wechselnden Systeme beherbergte, von Kaiser Franz Joseph über Hitler bis zu den Kommandanten der sowjetischen Besatzungsmacht, war natürlich auch feste Wiener Adresse für den Nobelpreisträger und »hartnäckigen Villenbesitzer« Thomas Mann, der das »gute, alte Imperial« wegen seiner »pompösen Kulissenhaftigkeit« schätzte.

Richard Wagner mietete sich 1875 zur Premiere des *Tannhäuser* eine Flucht von sieben Zimmern; in diesem Jahrhundert gingen hier Rabindranath Tagore 1926 und später Karl Kraus ein und aus.

Und war es nicht auch im Imperial, wo das falsche Lottchen seine vielen Eierkuchen vertilgen mußte?

Sowohl im Restaurant als auch in der Küche des Hotels Imperial in Wien herrscht wohlwollende Aufregung. Der Liebling der Stammgäste und der Angestellten, die Tochter des Opernkapellmeisters Palfy, ist wieder da!

Lotte, pardon, Luise sitzt, wie es alle gewohnt sind, auf dem angestammten Stuhl mit den zwei hohen Kissen und ißt mit Todesverachtung gefüllte Eierkuchen.

Ach, und da kommt der Kellner Franz schon wieder mit einem neuen Eierkuchen angewedelt!

Lotte schüttelt die Locken. »Ich kann nimmer, Herr Franz!«

Erich Kästner

Hotel Imperial
Kärntnerring 16
A–1015 Wien
Tel.: 0043/1/65.66.60.0
Fax: 0043/1/50.110.410
90 Zimmer, 38 Suiten
DZ ab 4.700 ÖS

Erich Kästner;
rechts eine Zeichnung
zum »Doppelten Lottchen«
von Walter Trier

»Aber Luiserl!« meint der Kellner vorwurfsvoll. »Es ist doch erst der fünfte!«

Nachdem Herr Franz leicht bekümmert mitsamt dem fünften Eierkuchen in die Küche zurückgesegelt ist, nimmt sich Lotte ein Herz und sagt: »Weißt du was, Vati, – ab morgen eß ich immer das, was du ißt!«

»Nanu!« ruft der Herr Kapellmeister. »Und wenn ich nun Geselchtes eß? Das kannst du doch nicht ausstehen! Da wird dir doch übel!«

»Wenn du Geselchtes ißt«, meint sie zerknirscht, »kann ich ja wieder Eierkuchen essen.« (Es ist halt doch nicht ganz so einfach, seine eigene Schwester zu sein!)

Auf dem Kindernachttisch:
Erich Kästner,
Das doppelte Lottchen

Hotel Riffelalp, 9.8.1926. Stefan Zweig schreibt einen begeisterten Brief an seine Frau Friderike:

Das Hotel ganz mein Genre, sehr englisch, ein paar Basler Patricier, gar keine Deutsche – das Ganze im Herzpunkt der Berge, gegenüber das Matterhorn – zu den Gletschern und zum ewigen Schnee ein Spaziergang auf gutem Weg. Man hat das Gefühl, hier andere Lungen zu haben.

Weitere Briefe folgen, die Superlative überschlagen sich: herrlich, strahlend, göttlich.

Es ist gleich herrlich, ich gehe viel spazieren, atme mit Wohlbehagen die starke Luft und wünschte, Dir ein Paket davon schicken zu können. Ich lese viel und höre alle Sprachen, manchmal ist's wie ein Turm von Babel. Deutsche wenige – aber jeder hat einen Lautsprecher in der Kehle eingebaut, so daß sie percentuell allen andern überlegen scheinen.

Das einzige, was mich ärgert, ist die Schweizer-englische Sittlichkeit – man kann nirgends sich das Hemd oder auch nur den Kragen ausziehen. So sind wir alle wie Krebse im Gesicht und unter dem Kragen blühweiß, indes es doch gerade wunderbar wäre, Höhensonne in den ganzen Körper zu bekommen.

Hotel Riffelalp
CH–3920 **Zermatt**
Tel.: 0041/28/67.53.33
Fax: 0041/28/67.51.09
20 Zimmer, DZ ab 170 SFr

Friderike und Stefan Zweig, 1935

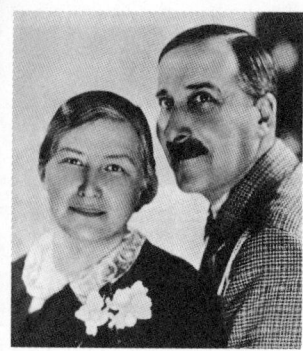

Er beschließt, zwei Tage länger zu bleiben:

Ich reise Freitag von hier ab.

Am Freitag heißt es:

Ich schreibe noch von Riffelalp, ich habe meinen Aufenthalt verlängert. Eigentlich ist es Wahnsinn, überhaupt von hier wegzugehen – eine Sonne wie hier 2200 und 3000 Meter hoch ist unvergleichlich. – Aber es ist gut, daß ich weggehe – 8 Tage ist mir meine Anonymität meisterhaft gelungen, leider aber haben die letzten Tage viele Deutsche gebracht, von denen sich vier mir schon vorstellten. Ich mag Hotels, solange ich niemanden kenne und alle beobachte, deshalb meine kurzen Aufenthalte, die Dir merkwürdig vorkommen. Mit der Fremdheit ist eben das Schönste vorbei.

Stefan Zweig im Garten

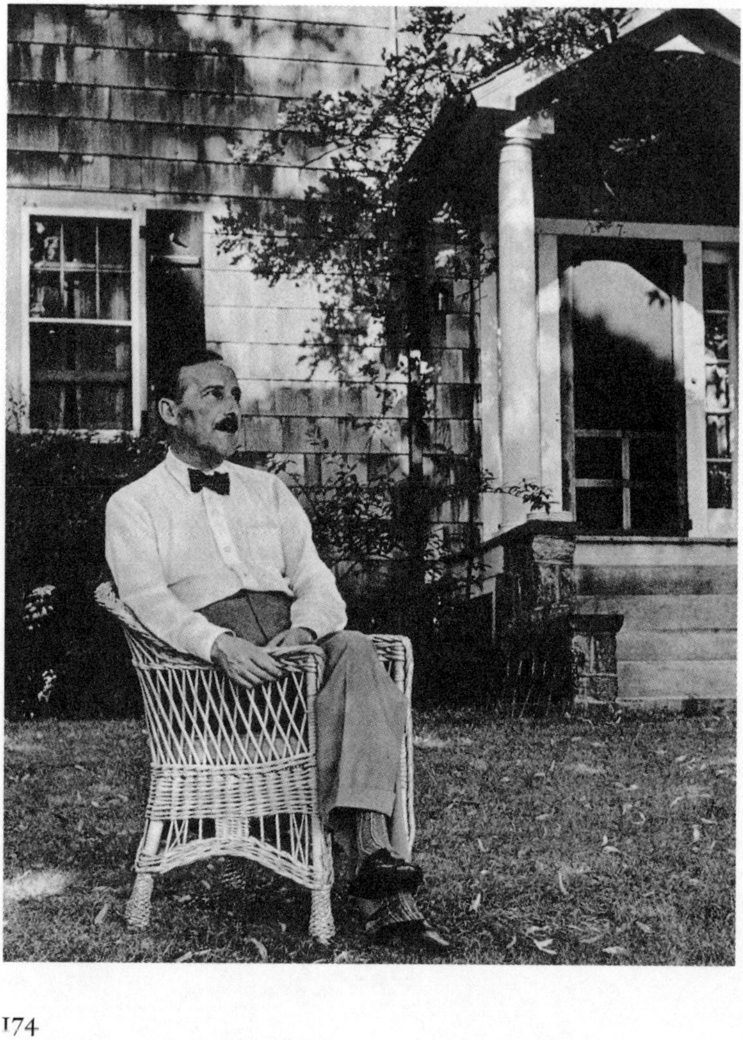

Auf dem Nachttisch:
Stefan Zweig und Friderike Zweig, *Unrast der Liebe. Ihr Leben und ihre Zeit im Spiegel ihres Briefwechsels*

1905 schlägt Thomas Mann »ein ganz neues Kapitel in dem Roman« seines Lebens auf, »ein Kapitel, das in schönem Rausch concipirt ward und das nun mit Liebe, Kunst und Treue aufgebaut sein will...« So schreibt er seinem Bruder Heinrich von seiner Hochzeitsreise aus dem Baur au lac,

wo ich zur Zeit mit Katia auf größtem Fuß lebe, mit »Lunch« und »Diner« und abends Smoking und Livrée-Kellnern, die vor einem her laufen und die Thüren oeffnen ... Übrigens keine Glücksrenommistereien! Ich habe, trotz der Versicherungen von allen Seiten über die hygienische Förderlichkeit der Ehe, nicht immer einen guten Magen und darum auch nicht immer ein gutes Gewissen bei diesem Schlaraffenleben und sehne mich nicht selten nach ein bischen mehr Klosterfrieden und ... Geistigkeit.

Er spielt mit dem Gedanken, die Hochstapeleien des *Felix Krull* im Baur au lac anzusiedeln, verlegt aber schließlich die Romanhandlung nach Paris ins → St. James et Albany; an den Zürcher Aufenthalt erinnert nur noch ein Schweizer Hoteldirektor namens Stürzli.

Thomas Mann hält seinem Flitterwochenhotel die Treue. Auf seinen Europareisen aus dem amerikanischen Exil in den Jahren 1947 und 1949 steigt er mit seiner Frau erneut im Baur au lac ab.

Hotel Baur au lac
Talstraße 1
CH–8022 Zürich
Tel.: 0041/1/221.16.50
140 Zimmer, 25 Suiten
DZ ab 560 SFr

Das Restaurant »Français«
im Baur au Lac

Thomas und Katia Mann
in Zürich, 1936

Auf dem Nachttisch:
Thomas Mann,
Bekenntnisse des Hochstaplers
Felix Krull

Hotel Hoffnung

Mit der Aussicht auf eine Stelle als Englischlehrer an der Berlitz-Schule in Zürich verläßt der 22jährige Joyce Dublin für immer. Mit ihm macht sich heimlich die 20jährige Nora Barnacle auf und davon, die er am 16. Juni, der als Bloomsday in die Literaturgeschichte eingehen wird, kennengelernt hat. Als sie am 10. Oktober in Zürich aus dem Zug steigen, wissen sie noch nicht, wo sie die nächste Nacht verbringen werden. Daß sie auf das Hotel Hoffnung treffen, halten sie für ein gutes Vorzeichen. Das Hoffnung wird der Ort ihrer ersten Liebesnacht.

Am nächsten Tag muß Joyce erfahren, daß der Direktor der Schule über sein Kommen nicht unterrichtet und keine Stelle frei ist. Mit dem Versprechen auf eine Anstellung in Triest brechen die beiden ein paar Tage später wieder auf.

1915 kommen sie auf der Flucht vor den Kriegswirren erneut nach Zürich, mit ihnen die beiden in Triest geborenen Kinder Giorgio und Lucia. Während der Kriegsjahre entstehen in Zürich große Teile des *Ulysses*. Bis sie eine Wohnung gefunden haben, steigen sie wieder im Hotel Hoffnung ab. Der Besitzer hatte inzwischen gewechselt, und man kann sich die Freude Joyce', der eben seine *Dubliners* veröffentlicht hatte, vorstellen, als er erfuhr, daß dieser jetzt Döbliner hieß.

Hotel Pfauen

Im Pfauen hat Joyce nie gewohnt, wohl aber öfter mit anderen Kriegsflüchtlingen gezecht, die dank der damals liberalen Einwanderungspolitik nach Zürich fanden und die Stadt zeitweilig zu einem kulturellen

Zürich
Hotel Hoffnung
Hotel Pfauen
Carlton Elite Hotel
Hotel-Pension Delphin

»Hotel Hoffnung« und
Hotel-Pension Delphin«
existieren nicht mehr

James Joyce

Im ehemaligen Hotel Pfauen
befindet sich heute das
Mövenpick-Restaurant
Pfauen.
Zeltweg 1
CH–8032 Zürich

Zu Ehren seines Stammlokals Pfauen am Heimplatz nennt Joyce die Stadt Zürich in »Finnegans Wake« »Peacockstown«, und der Heimplatz findet sich in den Worten »humeplace« oder »homoplatts« wieder.

Zentrum machten. Die Gespräche drehten sich dabei mehr um Literatur als um das Kriegsgeschehen; sein Freund Frank Budgen erinnert sich an eine Anekdote, die ihm Joyce eines Abends im Pfauen erzählte:

Eine Schriftstellerin wollte meine Meinung über ihr Werk hören; aber sie erzählte mir, sie habe es bereits ihrem Hotelportier gezeigt. Deshalb fragte ich sie: »Was hielt Ihr Hotelportier von Ihrer Arbeit?« Sie antwortete: »Eine Szene in meinem Roman, in der mein Held in den Wald geht, dort ein Medaillon küßt, mißfiel ihm.« Er habe gesagt: »Es ist schon recht, daß der Held das Medaillon findet, es aufhebt und küßt; aber ehe er es küßt, hätte er erst mit dem Rockärmel den Schmutz abwischen sollen.«

Ich sagte ihr, sie solle zu diesem Hotelportier zurückgehen und ihn immer um Rat fragen. Dieser Mann ist ein kritisches Genie. Es gibt nichts, was ich Ihnen sagen könnte, was er nicht auch sagen kann.«

James Joyce an seinem Lieblingsplatz in Zürich, dem Platzspitz

Carlton Elite Hotel

»Es sieht aus, als würde ich immer wieder hierher zurückkehren.« In den dreißiger Jahren führen die Augenprobleme Joyce mehrmals in die »Stadt Z'ch«, wo er sich von einem Spezialisten operieren läßt. Nun kann er sich die besten Adressen an der Zürcher Bahnhofstraße leisten. Er steigt mit seiner Familie im Hotel Gotthard und im Carlton Elite ab. Gewachsen sind offenbar nicht nur die Möglichkeiten, sondern auch die Ansprüche. Weil das Hotel ihm keinen Boten zur Verfügung stellen wollte, bedachte er das Carlton Elite mit dem Titel »gemeinste Kneip in Swindlerland«. Und in einem Brief macht er seinem Ärger Luft:

Wer Zürich auch immer erobern mag, kann meinetwegen die ganze Belegschaft des Elite Hotels in komfortablen Säcken zum Fenster hinaushängen, und mittlerweile möge der Himmel den armen Juden helfen, die in die Hände von Herrn Pragers Kassierer fallen.

Die schlechte Stimmung war aber nicht die Regel in dem Hotel, in dem er mehrere Monate wohnte und arbeitete. Einmal gab er für das gesamte Personal ein Champagner-Essen, das bis in die frühen Morgen dauerte. Im Gästebuch der Zürcher James-Joyce-Stiftung findet sich der Eintrag:

Ich, Adolf Oetiker, habe als Piccolo im Carlton Elite Hôtel im Jahre 1932 den großen Dichter James Joyce bedient im Zimmerservice und Elite-Grill mitgeholfen mit Mme. Nora – auch von seinem großen Gesang mitternachts mitbekommen.

Carlton Elite Hotel
Bahnhofstr. 41 /
Nüschelerstraße 6
CH–8023 Zürich
Tel.: 0041/1/211.65.60
Fax: 0041/1/211.30.19
73 Zimmer, DZ ab 350 SFr

179

*Joyces Grabmal
in Zürich*

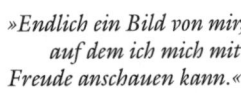

*»Endlich ein Bild von mir,
auf dem ich mich mit
Freude anschauen kann.«*

Auf dem Nachttisch:
James Joyce, *Ulysses*
Frank Budgen,
*James Joyce und die
Entstehung des Ulysses*

Hotel-Pension Delphin

Im Dezember 1941 flüchtet Joyce ein zweites Mal vor einem Krieg, der ihm gar nicht zupaß kommt: »Man soll die Tschechoslowakei in Ruhe lassen und sich lieber *Finnegans Wake* widmen.« Erschöpft von der aufreibenden Arbeit an seinem letzten Buch, zermürbt von den Schwierigkeiten, in die neutrale Schweiz zu gelangen, steigt er mit Nora, Sohn Giorgio und dem Enkel Stephen – Tochter und Schwiegertochter sind in der Nervenheilanstalt – in der Pension Delphin ab, von wo aus sie eine Wohnung suchen wollen. Es kommt nicht mehr soweit. Am 8. Januar wird er mit einem Magengeschwür ins Krankenhaus eingeliefert, wo er nach einer Operation am 13. Januar 1942 stirbt.

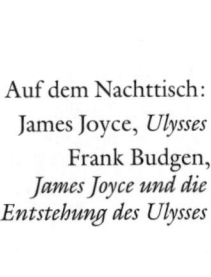

Ich werde mir gewiß – oh ganz gewiß nicht – erlauben, Einspruch zu erheben, ich als Fremder, oh ganz gewiß nicht, gegen den Beschluß der Stadt Zürich, das uralte und berühmte Hotel Schwert anzukaufen und in ein Steuerbureau umzuwandeln, aber dies muß doch gesagt sein: es ist schade. Denn seine Tradition hatte nicht seinesgleichen in der Schweiz, und kaum in Europa, ein Zusammenhang ist plötzlich vernichtet, der durch die Jahrhunderte ungebrochen reichte bis zum Anfang der Stadt, ein schöner Ruhm der Beharrlichkeit durch die Zeiten für immer zerstört. Mit solchen Häusern geht viel von der Seele einer Stadt dahin, und was die eine Generation noch leicht hingibt, empfindet die nächste schon als Schmerz: ich erinnere mich noch, wie eines Tages in Wien die Arbeiter mit ihren Spaten kamen und begannen, das Sterbehaus Beethovens in der Schwarzspanierstraße niederzureißen. Damals achtete man kaum darauf, und heute ballt jeder heimlich die Faust, wenn er an der unförmigen Zinskaserne vorübergeht, die sich an seiner Stelle aufpflanzt. – Könnte man es mit Geld zurückkaufen, so fände man heute Millionen dafür – »erst der Verlust erweist den wahren Wert«.

Das alte Hotel Schwert nun bleibt an seiner Stelle. Kein Stein wird gerückt vom andern, aber doch, ein Unwiederbringliches wird ihm genommen: sein Sinn. Sein Sinn und sein Ruhm, daß es der älteste Gasthof der Stadt war, Heimstatt zahlloser bedeutender Menschen in sieben Jahrhunderten, und daß eine Kette zerrissen wird, die sich vielleicht noch lange weiter durch die Zeiten geschlungen. Mit jedem Tage wäre es ehrwürdiger geworden, mit jedem Jahr berühmter, und man hätte es noch mehr geliebt um des Unsichtbaren willen, um des Fluidums von Seltsamkeit und Pietät, das aus seinem Wesen strömte, hätte es geliebt, wie man die paar wenigen uralten Hotels Europas liebt, den ›Elefanten‹ in Weimar, die ›Kaiserkrone‹ in Bozen, das ›Hotel Voltaire‹ in Paris, um nur einige wenige zu nennen, die zum Gemeinbesitz unserer Welt gehören. Nicht für jeden natürlich. Vielen ist eine gute Zentralheizung und amerikanischer Komfort wichtiger als Erinnerungen, aber – ohne sentimental zu sein – wer nur irgendein Gefühl für historische Kultur hatte, empfand in diesem Hause die starke und erhabene Tradition als eine Gewalt. Wer war nicht in diesen Räumen gewesen in den sieben Jahrhunderten seines Bestandes? Kaiser und Könige, Kurfürsten und Markgrafen, aber dies fühlt der Sinn nicht so als bedeutsam, wie daß der junge Mozart hier weilte, als er von Paris kam. Daß Goethe hier lange wohnte und einige seiner wesentlichen Werke in diesen Räumen ihre irdische Heimat haben, daß Casanova hier jenes entzückende Abenteuer erlebte, das in seinen Memoiren nachzulesen ist. Daß Cagliostro

Stefan Zweig, 1910

unter falschem Namen sich hier barg, Fichte Hauslehrer des Wirtes war, Madame de Staël mit August Wilhelm Schlegel auf der Reise nach Wien einkehrte. Wer war hier, wer war hier nicht? So selbstverständlich galt es für den Fremden, der nach Zürich kam, im Schwerte abzusteigen, daß der Postkutscher kaum fragte und der Wagen durch die engen Straßen bis an die Limmatbrücke rasselte: Diese Räume sind das ungeschriebene Fremdenregister der Stadt durch sieben Jahrhunderte. Wer damals von Rang war, hat dort gewohnt.

Freilich: man wohnte nicht nur um jenes Fluidums willen dort, ganz, ganz gewiß nicht. Sondern weil dies verstorbene Hotel in einer ganz besondern Weise schön und wohnsam war. Nach altvörderischer Gasthofsart hielt nicht ein Chef de reception, sondern der Besitzer selbst die Führung in Händen; es war immer rührend, den weißhaarigen freundlichen Herrn Jölden mit seinem Käppchen von Tisch zu Tisch gehen zu sehen, seine Frau, seine Tochter, sein Sohn wirkten tätig zusammen, und so hatte man nicht das peinliche Gefühl der Fremdheit. Luxuriös war die Stätte nicht gerade, das alte Haus setzte allen Neuerungen der Technik einen geheimnisvollen inneren Widerstand entgegen, gleichsam als wehrte sich die Tradition gegen die neue Zeit: der Ascenseur blieb gerne stecken, die Zentralheizung rasselte mehr als sie heizte, und das Telephon blieb ein widerwilliger Fremdkörper in dem verjährten Gemäuer. Aber wie schön war es doch in dem hellen Speisesaal, der sich mit prachtvollen schweren Holztüren auftat. Man hatte, wie immer und wie überall, darin helle und dunkle Stunden hier in der Zeit. Und hatte sich im stillen schon gefreut, nach Jahren wiederzukehren, im Frieden und aus Erinnerung dies Vergangene stärker und schöner zu genießen. Man hatte sich gesagt: hier wirst du immer wieder wohnen und das Gefühl war so stark in jedem, dies Haus, das uns so lange vorausgelebt, werde uns alle in seiner Bestimmung überleben, daß man nur ein Name war in diesem in Holz und Stein eingewohnten Fremdenbuche vieler Jahrhunderte. Aber der Krieg liebt ja nicht das Vorausbestimmte, er ist ein leidenschaftlicher Zerstörer auch des Immateriellen, der Erwartungen und Hoffnungen. Er zerstampft die Traditionen mit seiner eisernen Sohle, und so wie er Berlin das einzige schöne große Hotel aus der Vorprotzenzeit, den ›Kaiserhof‹, wie er Frankfurt den ›Schwan‹ genommen hat, in dem der Frieden zwischen Deutschland und Frankreich unterzeichnet war, so nimmt er auch Zürich seinen ältesten Gasthof. Man wird wiederkommen und statt der freundlichen Ladung eine weniger erfreuliche Aufschrift finden – »Steuerbureau«, ein Haus, das auch ein besserer Staatsbürger, als ich es bin, ungern betritt. In dem Zimmer, wo der junge Mozart, das Symbol der klingenden Leichtigkeit des Lebens weilte, werden schwere Faszikeln gewälzt werden, in Goethes Räumen ein strenger Kommissarius amtieren und in dem Saal, wo einst Casanova als Kellner travestiert, seinen schönen Damen allzu behilflich war, strenge Inquisitionen der Bürger vorgenommen. Nur der Geist Cagliostros, des großen Goldmachers, wird lebendig sein und seine Künste, den Säckel zu leeren und zu füllen, im langweiligen Ziffernspiel und nicht im heitern Betruge geübt werden. Es wird vielleicht der Stadt Zürich viel Geld einbringen, dies Haus, das den holden Druck der Gemeinschaft auf den einzelnen zu organisieren bestimmt ist, aber alle Summen können nicht einbringen, was sie damit verloren haben, ein Teil ihrer Stadtseele, ein kostbares Stück Tradition. Vielleicht fühlen wir Fremde stärker das Zauberische, das mit dieser materiellen Verwandlung vorging, wir, die wir nicht das Recht haben, Einspruch zu erheben, aber die ihrem Bedauern nicht wehren wollen und dem einen kleinen Wort, das eigentlich ein Seufzer ist, dem Wort: »Schade«.

Céleste Albaret, *Monsieur Proust*
Aus dem Französischen von Margret Carroux
© Kindler Verlag, München 1974

David Bronsen, *Joseph Roth. Eine Biographie*
© Kiepenheuer und Witsch, Köln 1974

Frank Budgen, J*ames Joyce und die Entstehung des Ulysses*
Aus dem Englischen von Werner Morlang
© Suhrkamp Verlag, Frankfurt am Main 1977

Truman Capote,
Die Musen sprechen. Mit Porgy and Bess in Russland
Aus dem Amerikanischen von Hansi Bochow-Blüthgen
© Limes Verlag, Wiesbaden und München 1961
Erhörte Gebete. Der unvollendete Roman
Aus dem Amerikanischen von Günter Panske
© 1986 Alan U. Schwartz. © Limes Verlag, Wiesbaden und München 1989

Emmanuel Carrère, *Der Schnurrbart*
Sammlung Luchterhand
Aus dem Französischen von Georges Hausemer
© Manholt Verlag, Bremen 1987 unter dem Titel »Der Gegenläufer«

Louis-Ferdinand Céline, *Norden*
Aus dem Französischen von Werner Bökenkamp
© Rowohlt Verlag, Reinbek bei Hamburg 1969

Francois-René Vicomte de Chateaubriand, *Erinnerungen.*
Memoires d'outre-tombe
Aus dem Französischen von Sigrid Massenbach
© Nymphenburger in der F. A. Herbig Verlagsbuchhandlung GmbH,
München 1968

Jean Cocteau, *Die Farben der Erinnerung*
Aus dem Französischen von Reinhard Schmidt
© Grasset, Paris 1935. © Fischer Taschenbuch Verlag,
Frankfurt am Main 1988, Werkausgabe in zwölf Bänden. Bd. 11
Die Schwierigkeit zu sein
Aus dem Französischen von Friedrich Hagen
© Morihien. Paris 1947. © Fischer Taschenbuch Verlag,
Frankfurt am Main 1988, Werkausgabe in zwölf Bänden. Bd. 12

Alfred Döblin, *Schicksalsreise*
In: Autobiographische Schriften und letzte Aufzeichnungen
© Walter Verlag, Olten 1980

John Dos Passos, *Die schönen Zeiten.*
Jahre mit Freunden und Fremden
Aus dem Amerikanischen von Paul Baudisch
© Rowohlt Verlag, Reinbek bei Hamburg 1969

Alexandre Dumas, *Impressions de voyage*
Paris 1834
Mes Mémoires
Paris 1863
(Textausschnitt aus dem Französischen von L. K.)

Richard Ellmann, *James Joyce*
Aus dem Englischen von Fritz Senn, Albert W. Hess, Klaus und Karl
Reichert
© Suhrkamp Verlag, Frankfurt am Main 1959

Johann Wolfgang von Goethe,
Goethes Schweizerreise von 1797
Hrsg. und mit einem Kommentar
von Barbara Schnyder-Seidel
© Insel Verlag, Frankfurt am Main 1978

Claire Goll, *Ich verzeihe keinem.*
Eine literarische Chronique scandaleuse unserer Zeit
Aus dem Französischen von Ava Belcampo
© Scherz Verlag, Bern und München 1978

Graham Greene, *Fluchtwege*
Aus dem Englischen von Ursula Dülberg und Hans W. Polak
© Paul Zsolnay Verlag, Wien und Hamburg 1981
Heirate nie in Monte Carlo. Ein Flitterwochenroman
Aus dem Englischen von Ernst Laue
© Paul Zsolnay Verlag, Wien 1995
Die Reisen mit meiner Tante
Aus dem Englischen von Marie Felsenreich und Hans W. Polak
© Paul Zsolnay Verlag, Wien und Hamburg 1970
Die Stunde der Komödianten
Aus dem Englischen von Hilde Spiel
© Paul Zsolnay Verlag, Wien und Hamburg 1966
Unser Mann in Havanna
Aus dem Englischen von Lina Winiewicz
© Paul Zsolnay Verlag, Wien 1995

Brüder Grimm, *Die Kinder- und Hausmärchen*
Reimer Verlag, Berlin 1812–15 in 2 Bänden

Ernest Hemingway, *49 Depeschen*
Aus dem Amerikanischen von Ernst Schnabel unter Mitarbeit von
Elisabeth Plessen
Rowohlt Verlag, Reinbek bei Hamburg 1969
Die fünfte Kolonne
Aus dem Amerikanischen von Ernst Schnabel und Elisabeth Plessen
Rowohlt Verlag, Reinbek bei Hamburg 1969
Fiesta
Aus dem Amerikanischen von Annemarie Horschitz-Horst
© Rowohlt Verlag, Reinbek bei Hamburg 1928
Paris – ein Fest fürs Leben
Aus dem Amerikanischen von Annemarie Horschitz-Horst
© Rowohlt Verlag, Reinbek bei Hamburg 1965

Tod am Nachmittag
Aus dem Amerikanischen von Annemarie Horschitz-Horst
© Rowohlt Verlag, Reinbek bei Hamburg 1957
Über den Fluß und in die Wälder
Aus dem Amerikanischen von Annemarie Horschitz-Horst
© Rowohlt Verlag, Reinbek bei Hamburg 1951
Wem die Stunde schlägt
Aus dem Amerikanischen von Paul Baudisch
Fischer Verlag, Frankfurt am Main 1941

Wolfgang Hermann, *Nachtasyl*
© Mit freundlicher Genehmigung des Autors

Hermann Hesse, *Kurgast.*
Aufzeichnungen von einer Badener Kur
aus: Gesammelte Werke, Bd. 7
© Suhrkamp Verlag, Frankfurt am Main 1970

James Joyce, *Ulysses*
Aus dem Englischen von Hans Wollschläger
Suhrkamp Verlag, Frankfurt am Main 1975

Franz Kafka, *Briefe an Felice*
© Fischer Verlag, Frankfurt am Main 1976

Erich Kästner,
Das doppelte Lottchen. Ein Roman für Kinder
© Atrium-Verlag, Zürich 1946

Hermann Kesten, *Die Zwillinge von Nürnberg*
Querido, Amsterdam 1947
© Mit freundlicher Genehmigung des Autors

Klaus Mann, *Alexander. Roman der Utopie*
Rowohlt Verlag, Reinbek bei Hamburg 1990
Der Wendepunkt. Ein Lebensbericht
© Rowohlt Verlag, Reinbek bei Hamburg 1989

Klaus und Erika Mann, *Escape to Life*
Rowohlt Verlag, Reinbek bei Hamburg 1992
Rundherum
Rowohlt Verlag, Reinbek bei Hamburg 1993

Heinrich Mann und Thomas Mann
Briefwechsel 1900–1949
© Fischer Verlag, Frankfurt am Main 1984

Thomas Mann
Die Bekenntnisse des Hochstaplers Felix Krull.
Der Memoiren erster Teil
© S. Fischer Verlag, Frankfurt am Main 1954
Lotte in Weimar
© Bermann-Fischer Verlag A.B., Stockholm 1939
Alle Rechte vorbehalten S. Fischer Verlag, Frankfurt am Main
Tagebücher 1937–1939. Hrsg. von Peter de Mendelssohn
© S. Fischer Verlag, Frankfurt am Main 1980

Der Tod in Venedig
© S. Fischer Verlag, Frankfurt am Main 1969, 1974
Der Zauberberg
© S. Fischer Verlag, Berlin 1924. Alle Rechte vorbehalten S. Fischer Verlag, Frankfurt am Main 1924

Ludwig Marcuse
Mein 20.Jahrhundert.
Auf dem Weg zu einer Autobiographie
List Verlag, München 1960
© Mit freundlicher Genehmigung der Erben

Jacques Mercanton
Die Stunden des James Joyce
Aus dem Französischen von Markus Hediger
© Lenos Verlag, Basel 1993

Arthur Miller, *Zeitkurven. Ein Leben*
Aus dem Amerikanischen von Manfred Ohl und Hans Sartorius
© Arthur Miller 1987. © S. Fischer Verlag, Frankfurt am Main 1987

Robert Musil, *Der Mann ohne Eigenschaften*
Rowohlt Verlag, Reinbek bei Hamburg 1978

Anaïs Nin
Die Tagebücher der Anaïs Nin 1947–1957
Hrsg. von Gunther Stuhlmann
Aus dem Amerikanischen von Manfred Ohl und Hans Sartorius
© Nymphenburger in der F. A. Herbig Verlagsbuchhandlung GmbH, München 1974

Harold Norse, *Beat Hotel*
Aus dem Amerikanischen von Carl Weissner
© Maro Verlag, Augsburg 1995

George Orwell, *Erledigt in Paris und London*
Aus dem Englischen von Helga und Alexander Schmitz
© Diogenes Verlag, Zürich 1978

George Perec
Träume von Räumen. Fragmente einer im Entstehen befindlichen Arbeit
Aus dem Französischen von Eugen Helmlé
© Manholt Verlag, Bremen 1990

Marcel Proust
Auf der Suche nach der verlorenen Zeit
Aus dem Französischen von Eva Rechel-Mertens
© Suhrkamp Verlag, Frankfurt am Main 1964

Rainer Maria Rilke, *Briefe*
© Insel Verlag, Frankfurt am Main 1980

Lillian Ross, *Hemingway. Ein Portrait*
Aus dem Amerikanischen von Erika Gütermann
© Limes Verlag, Wiesbaden und München 1962

Joseph Roth
Die Werke Joseph Roths liegen in einer sechsbändigen Ausgabe bei
Kiepenheuer & Witsch, Köln, vor. Die Romane sind auch in
Einzelausgaben erhältlich.
Rast angesichts der Zerstörung (Bd. 3)
Ankunft im Hotel (Bd. 3)
Die Geschichte von der 1002. Nacht (Bd. 6)
Die Legende vom heiligen Trinker (Bd. 6)
Hotel Savoy (Bd. 4)
© Verlag Kiepenheuer und Witsch, Köln, und Verlag Allert de Lange,
Amsterdam 1989, 1991

George Sand
Nimm Deinen Mut in beide Hände. Briefe
Aus dem Französischen von Annedore Haberl
© Deutscher Taschenbuch Verlag, München 1990

Anna Seghers, *Transit*
© Aufbau-Verlag, Berlin und Weimar 1976

Lew Tolstoi, *Luzern*
In: *Polikuschka. Frühe Erzählungen*
Aus dem Russischen von Hermann Asemissen
© Rütten und Loening, Berlin 1967

Mark Twain, *Bummel durch Europa*
Aus: *Gesammelte Werke*. Bd. 4
Aus dem Amerikanischen von Gustav Adolf Himmel
© Vandenhoeck & Ruprecht, Göttingen 1963

Mary Welsh Hemingway, *Wie es war*
Aus dem Amerikanischen von Helmut Kossodo
© Rowohlt Verlag, Reinbek bei Hamburg 1977

Tennessee Williams, *Memoiren*
Aus dem Amerikanischen von Kai Molvig
© Tennessee Williams 1972, 1975
© S. Fischer Verlag, Frankfurt am Main 1977

Stefan Zweig
Die Welt von gestern. Erinnerungen eines Europäers
© Bermann-Fischer Verlag A. B., Stockholm 1944
Alle Rechte vorbehalten S. Fischer Verlag, Frankfurt am Main
Nekrolog auf ein Hotel
Aus: *Auf Reisen*. Gesammelte Werke in Einzelbänden.
Hrsg. von Knut Beck
© S. Fischer Verlag, Frankfurt am Main 1987

Stefan Zweig / Friderike Zweig
Unrast der Liebe. Ihr Leben und ihre Zeit im Spiegel ihres Briefwechsels
© Scherz Verlag, Bern und München 1981

Eine packende Geschichte
um ein
Schweizer Bankkonto

Der Privatchauffeur eines reichen Immobilien-besitzers aus dem Tessin, Harry W., ist des versuchten Mordes an seinem Chef angeklagt. Was er zu seiner Verteidigung vorzutragen hat, ist das Absurdeste, was man sich denken kann: Er könne seinen Chef nicht umgebracht haben, da dieser gar nicht existiere, ja, daß er ihn erfunden habe.

Alles begann mit einer mysteriösen Zeitungsanzeige. Nach endlosen Wochen der Bewerbungsschreiberei hatte Harry endlich eine Stelle als Chauffeur gefunden. Es gibt nur einen Haken: der Auftraggeber, Dr. Walter Herrsberg, existiert nicht. Gegenüber seiner Freundin aber beschreibt Harry seinen Chef in allen Details. Diese erfundenen Geschichten haben einen brisanten Hintergrund: die Eröffnung eines Bankkontos, das Harry vor langer Zeit mit seinem Jugendfreund Karl für eine fiktive Person eröffnet hatte, beginnt sich auf fatale Weise auszuwirken.

Der einzige, der Harry aufklären könnte, ist Karl. Dieser aber ist beim Schwimmen im Fluß ertrunken. Inzwischen hat sich die ominöse Figur des Chefs so verselbständigt, daß er gezwungen ist, ihn seiner Freundin vorzustellen. Harry steht vor der Entscheidung, sich von seinem nicht existierenden Chef kündigen zu lassen oder ihn in die Realität zu überführen. Er engagiert einen Schauspieler, bald aber wächst ihm seine Erfindung über den Kopf. In diesem Spiel von Virtuellem und Realität gerät Harry durcheinander und versucht, seine Erfindung wieder zu beseitigen. Er täuscht einen Unfall vor und findet sich im Gerichtssaal wieder, wo ihm Herrsberg als reale Gestalt gegenübersteht.

Der Leser weiß bald nicht mehr, was falsch, was wahr ist. Auch der Erzähler sieht sich einer Tour de force falscher und richtiger, wahrscheinlicher und verräterischer Biographien gegenüber.

Richle zieht den Leser mit seiner kargen, spannungsreichen Erzählweise in den Bann.

Harry W. lebt in einer Welt voller unglaublicher Geschichten. Tote erstehen auf, erfundene Figuren beginnen zu leben, lebende verschwinden. Und Harry wird bezahlt für eine Arbeit, die er gar nicht ausübt.

GATZA
bei Eichborn

Urs Richle
Der weiße Chauffeur
Roman
192 Seiten, 12,1 × 21,3,
gebunden mit Schutz-
umschlag
34 DM / 252 ÖS / 32,80 SFR
3-8218-0635-4

»Max Aub ist der größte
spanische Autor dieses Jahrhunderts«

FRANKFURTER ALLGEMEINE ZEITUNG

Agustín Alfaro, ein braver Handelsvertreter, versteht die Welt nicht mehr, als sich eine junge Frau bei ihm einfindet, die behauptet, ein Kind von ihm zu erwarten. Er kennt sie nicht, kein Zweifel, er hat sie nie gesehen. Und dennoch: Er heiratet sie.

Er handelt, wie er handeln muß, denn der Verführer war, unter Pseudonym, sein eigener Vater. Also nimmt er den Halbbruder zum Sohn und Remedios zur Frau.

Aber womit beide nicht gerechnet hatten: Sie entdecken eines Tages ihre Liebe füreinander, ohne sie sich je zu gestehen. Das kann auf Dauer nicht gutgehen.

Remedios verläßt aus Verzweiflung Mann und Sohn, versucht in Barcelona eine Arbeit zu finden und wird schließlich eine mondäne Dirne, das reine Bild Agustíns im Herzen, der sie bis zu seinem Tode suchen wird.

Tragik und Komik sind untrennbar miteinander verknüpft in diesem Schicksal, das an lauter guten Absichten scheitert. Nicht nur Agustín, auch die Hasardeure, die jungen Maitressen, die kleinbürgerlichen Wendehälse, die seinen Weg kreuzen, scheinen in ihrer Echtheit und ihrem Witz den großen Romanen der russischen Literatur entsprungen.

Es ist die Geschichte einer Epoche, ein Sittenbild Spaniens, das Max Aub auf genuine Weise mit Gestalten bevölkert, die bis heute lebendig geblieben sind. Nicht nur, wer Madrid, Saragossa und Barcelona kennt, wird fasziniert sein, wie Aub mit oft wenigen Sätzen Lokalkolorit hinzaubert.

Die besten Absichten ist ein Roman der Vorkriegszeit: die Republik wird ausgerufen und der Himmel dröhnt über ersten Gefechten. Spanien steht vor dem Wendepunkt seiner Geschichte.

Der Roman einer großen Liebe und ihres tragischen Scheiterns in den Wirren des Spanischen Bürgerkriegs. Ein Meisterwerk, das Farbigkeit und erzählerisches Tempo auf hohem Niveau bis zur letzten Seite durchhält.

Max Aub
Die besten Absichten
Roman
Aus dem Spanischen von
Eugen Helmlé
Dritter Band der
Gesammelten Werke
256 Seiten, 12,1×21,3,
Halbleinen
39,80 DM / 295 ÖS / 37,80 SFR
ISBN 3-8218-0636-2

GATZA
bei Eichborn